緬風吹拂

# 稻田香

慈濟援助緬甸納吉斯風災今昔

撰文——黃秀花

攝影——蕭耀華

緬甸自一〇四四年阿努律陀一統天下，創建「蒲甘王朝」，便以佛教立國。全國近九成佛教徒，人人歡喜布施，圖為清晨街頭，小沙彌尼列隊托缽。

(၁၀၄၄)ခုနှစ်တွင်အနော်ရထာမင်း ပထမမြန်မာနိုင်ငံပုဂံပြည်ကို တည်ထောင်ကာ ဗုဒ္ဓသာသနာထွန်းကားအောင်ပြုလုပ်ခဲ့သည်။မြန်မာလူမျိုးအများစုမှာဗုဒ္ဓဘာသာဝင်များဖြစ်ကြပြီး ကုသိုလ်ကောင်းမှုပြုလုပ်ဖို့နှစ်သက်ကြသည်။

Myanmar
Myanmar

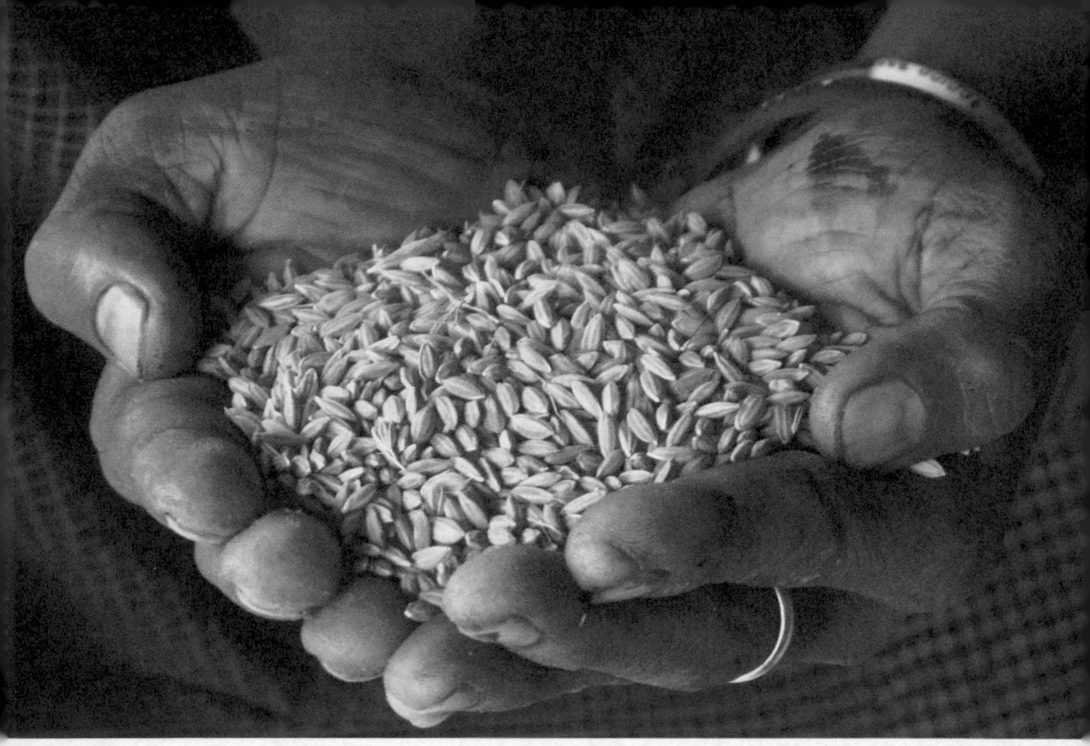

## 稻種援助

二〇〇八年五月二日，納吉斯熱帶氣旋重創伊洛瓦底江周遭平原及沿岸省邦。慈濟志工災後第八天即前往賑災，緊急發送物資，也鑑於農民生計問題及全球糧產危機，展開稻種及肥料發放，以助農田復耕。

**မျိုးစပါးလှူဒါန်းခြင်း**

(၂၀၀၈)ခုနှစ်မေလ(၂)ရက်နေ့တွင် အပူပိုင်းလေမုန်တိုင်း နာဂစ် ပြင်းထန်စွာတိုက်ခိုက်သည်။ ချီကျိအဖွဲ့သည် မုန်တိုင်းပြီး(၈)ရက်မြောက်နေ့တွင်သွားရောက်ကူညီခဲ့သည်။အရေးပေါ်ပစ္စည်းများလှူဒါန်းခြင်း၊ လယ်သမားများ၏စားဝတ်နေရေးပြဿနာ နှင့် ကမ္ဘာကြီး၏ စားနပ်ရိက္ခာ အခက်အခဲ ဖြစ်မှာကိုသတိပြုမိ၍မျိုးစပါးနှင့်မြေသြဇာများကိုကူညီပေးခဲ့သည်။

TZU CHI

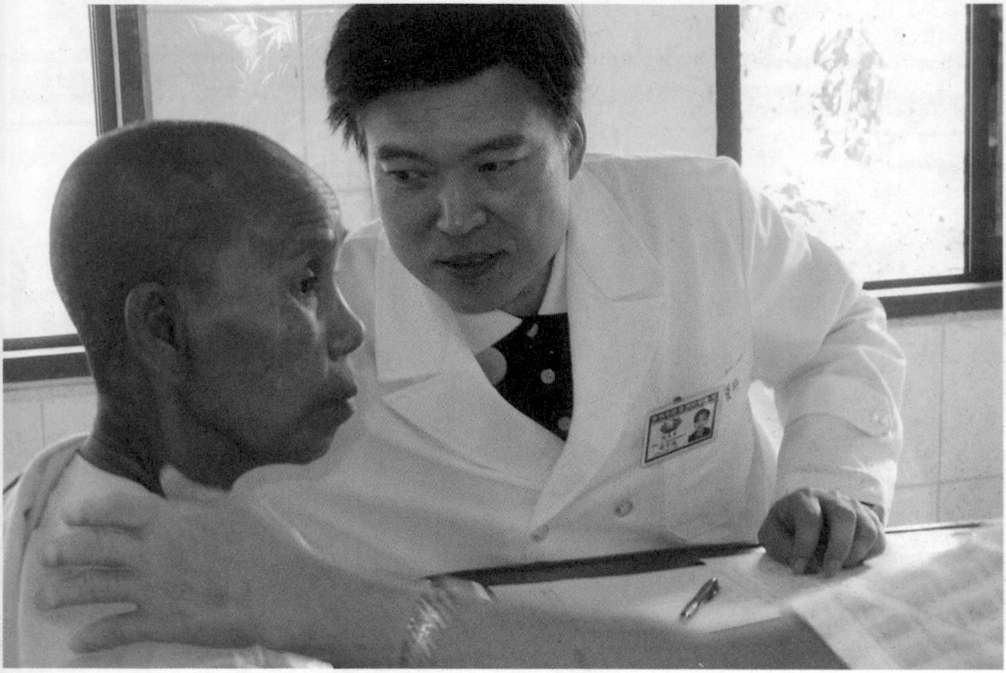

## 醫療救治

稻種發放同時，來自臺灣和馬來西亞的人醫團隊結合當地醫護展開義診服務。轉送個案至醫院時，發現燒傷小病患密威喬(左上圖中)、恩恩翁(左上圖右)；發放文具時，發現雙腳殘疾的特偉林(左下圖手抱者)，一一立案救治；後續眼科義診持續至今。

### ဆေးဝါးကုသကူညီထောက်ပံ့ခြင်း

ထိုင်ဝမ်နှင့်မလေးရှားဆရာဝန်အဖွဲ့သည် အခမဲ့ဆေးဝါးကုသရေးနှင့် လူနာများကိုဆေးရုံသို့အရောက်ကူညီသည်။ဆေးရုံတွင်မီးလောင်ဝေဒနာရှင် မျိုးဝေကျော်နှင့်အေးအေးအောင်၊ စာရေးကိရိယာဝေရာတွင်တွေ့ရှိသောဝေဒနာရှင်ထက်ဝေလင်း တို့အားရေရှည်ကူညီထောက်ပံ့ မှုများပြုလုပ်ခဲ့သည်။

## 米撲滿 善效應

純樸的緬甸農村，人心亦質樸善良。獲知慈濟起源於三十位婦女日存五毛錢救人，受助農民起而效法，以存「米撲滿」布施救濟窮苦人，其中烏丁屯(左上圖)影響瑞那滾村民跟進，並將善行擴展到其他村落，是為善效應的典範。

**ဆန်တစ်ဆုပ် မေတ္တာရှင်**

ရိုးသားဖြူစင်သောမြန်မာလယ်သမားများမှာချီကျိအဖွဲ့အိမ်ထောင်ရှင်မအယောက် (၃၀)မှ၊ပြား(၅၀)စုပြီး ဆင်းရဲဒုက္ခရောက်သူများကိုကူညီနိုင်သည်ဟုသိသောအခါ၊အတုယူ၍နေ့စဉ်ဆန်တဆုပ်ကောင်းမှုကို လုပ်ဆောင်ကြသည်။လယ်သမားဦးသိန်းထွန်း ဆန်တဆုပ်ကောင်းမှုသည်ရွှေနားကွင်းကျေးရွာနှင့် အခြားကျေးရွာအများစုအထိပြန့်ပွားခဲ့ပြီးကုသိုလ် ၏စံနမူနာဖြစ်ခဲ့သည်။

## 興學助學

證嚴法師指示，「讓仰光教育亮起來！」慈濟從援助的三所希望工程學校中，發現好學上進的貧困學子，給予學雜費或補習費濟助；隨著時光推移，助學生變成了慈青，為緬甸志工人力注入新生力量；援助多年的柯瑪雅娜佛寺學校(上圖)，辦學成績斐然。

**ပညာရေးဖွံ့ဖြိုးအောင်ထောက်ပံ့ခြင်း**

ကျင့်ယန်စန့်လန်ကညွှန်ကြားသည်၊ရန်ကုန် ၏ပညာရေးကိုတောက်ပလာပါစေ။ချီကျိအဖွဲ့မှကျောင်းဆောင်များဆောက်လုပ်လှူတန်းပြီးစာလိုလားအခက်ခဲရှိသည့်ကျောင်းသားများကိုကျောင်းစရိတ်နှင့်ကျူရှင်စရိတ်များထောက်ပံ့သည်။နှစ်ကြာလာတော့ကျောင်းသားများကချီကျိလူငယ်အဖွဲ့ဝင်များဖြစ်လာပြီးအားသစ်များလောင်းနိုင်ခဲ့သည်။ခေမာသီလရှင်ကျောင်းမှာလည်းအောင်မြင်မှုများရရှိခဲ့သည်။

## 催生在地志工

馬來西亞志工歷經三年半陪伴輔導，不僅孕育出緬甸本地志工，並帶動緬族和臺商一起行善。截至二〇一九年底，緬甸已受證委員、慈誠總數超過六十位，見習和培訓志工逾三百人。

### ဒေသခံလုပ်အားပေးများ ပေါ်ပေါက်လာခြင်း

မလေးရှားလုပ်အားပေးများ၏(၃)နှစ်တာအဖော်ပြုသင်ကြားပေးမှုကြောင့်မြန်မာပြည်ဒေသခံလုပ်အားပေးထွက်ပေါ်လာသည်။ထိုင်ဝမ်ကုန်သည်နှင့်ဒေသခံများကိုဦးဆောင်ပြီးကုသိုလ်ကောင်းမှုအတူပြုလုပ်သည်။(၂၀၁၉)နှစ်ကုန်အထိမြန်မာချီကျီကော်မတီဝင်မှာ၆၀ကျော်၊မီးခိုးနှင့်အဖြူသင်တန်းသားအယောက်(၃၀၀)ကျော်ရှိသည်။

အခမ်းအနား
၂၉-၁၀-၂၀၁၂
အောင်ချမ်းသာ(၁)ရပ်ကွက်၊

## 延續華文教育

仰光華校被廢五十多年，坊間藉由寺廟或補習班延續華文教育；緬北則以「佛經」或「少數民族」名義辦華校，想盡辦法讓華人子弟莫忘根源。如今緬甸走向開放，緬族人也開始學華文，以利與中國貿易往來。

**တရုတ်စာပညာရေးဆက်လက်ပြန့်ပွားခြင်း**

ရန်ကုန်မြို့ရှိတရုတ်ကျောင်းများဖျက်သိမ်းခံရတာနှစ်၅၀)ရှိပြီး၊တရုတ်ဘုရားကျောင်း၊ဘုံကျောင်းများတွင်တရုတ်စာကိုဆက်လက်သင်ကြားသည်။မြန်မာပြည်မြောက်ပိုင်းတွင်မူဗုဒ္ဓစာပေနှင့်မျိုးနွယ်စုဘာသာစကားသင်ကြားခြင်းဖြင့်ကျောင်းများတည်ထောင်ကာနည်းမျိုးစုံဖြင့်တရုတ်မျိုးဆက်များကိုမျိုးရိုးမမေ့စေသည်။

慶福宮

# 緬甸簡介

## 地理位置

位處中南半島西部，東北與中國毗鄰，東與寮國、泰國接壤，西北與印度、孟加拉相接，西南臨孟加拉灣、南臨安達曼海。地勢北高南低，三面環山，西部有若開山脈，北部有喜馬拉雅山、橫斷山脈，東部是撣邦高原、東南是丹那沙林山脈，中部是伊洛瓦底江沖積平原；伊江流域占全國三分之二面積，流貫南北，具農業灌溉和航運價值。

面積　約六十七萬六千五百平方公里，為臺灣的十八點七倍。

人口　約五千五百萬人，共一百三十五個民族，緬族占百分之六十八，華人占百分之五。

語言　官方語言為緬甸語，各少數民族均有自己的語言，其中緬族、克欽、克倫、撣族和孟族等有文字。

首都　內比多（Nay Pyi Taw）。

氣候　熱帶季風氣候，每年十一月至翌年二月為涼季，三至五月為乾季，六至十月為雨季。

經濟　以農業為主，礦產豐富，盛產錫、鎢、鋅、鋁、石油及玉石，森林覆蓋率達五成，大量出口木材、稻米、天然氣、寶石等，曾是亞洲富庶國家，由於政治動盪、經濟結構封閉而大倒退，目前已在復甦中。

宗教　百分之八十九人口信奉佛教，約百分之八的人信奉基督教和伊斯蘭教。

歷史　一九四八年脫離英國六十多年殖民統治，一九六二年進入軍人執政，二〇一〇年十一月舉行多黨制全國大選；二〇一五年舉行議會選舉，翁山蘇姬所領導的全民盟取得政權，結束軍政府長達五十四年統治。

目錄

## 輯二 但願眾生離病苦



## 輯三 稻花香裏説豐年

輯四

## 他日桃李成熟時



輯五

## 願力堅定行大愛

自序

# 誠、情、真、純，最美風光

緬甸，受軍政府統治半世紀，曾被喻為「北朝鮮之外另一個備受關注的極權國度」。二〇〇八年五月二日，強烈熱帶氣旋納吉斯席捲了整個伊洛瓦底江三角洲，造成毀滅性損害，十三萬條人命瞬間消失，數以百萬人流離失所……當國際間都震懾於災害之大，紛紛要求進入協助救災，緬甸政府卻予以拒絕。

儘管當時聯合國祕書長潘基文一再呼籲，要軍政府放下歧見，讓外國救援人員入境；然而緬甸官方仍不理會，忙著如期舉行憲法公投。

五月十四日，風災發生後第十二天，潘基文考慮派遣聯合國人道協調廳的副祕書長霍姆斯，隨世界糧食計畫署的人道救援飛機前往緬甸；歐洲執行委員會負責人道援助的委員米歇爾也發出警告，風災摧毀了緬甸的主要稻米產區，在庫存有限的情況下，緬甸極有可能面臨饑荒危機。

一連串的事態發展，讓慈濟證嚴法師十分焦急，他鎮日關切著災情變化，也叮嚀宗教處人員盡快聯絡赴緬救災事宜。五月六日，花蓮本會即聯繫上緬甸華僑林淑華，並通知馬來西亞與泰國志工準備出團；九日傍晚，透過仲介協助取得赴緬簽證，十日一早，九人賑災小組便從吉隆坡出發。

五月二十三日，潘基文與軍政府主席丹瑞在首都內比多會談後，緬甸當局同意開放外國救援團體進入，而慈濟人已在災區奔波十三天了。

二十世紀初，英國著名作家喬治・歐威爾曾寫過《緬甸歲月》、《動物農莊》、《一九八四》等書。一九二〇年代，他駐紮過緬甸五年，擔任帝國警察，這三本書彷彿是預告緬甸後來走向集權統治的寓言三部曲。

風災當年，緬甸社會與民間猶受到嚴密的監控。慈濟九人賑災小組，入境後相當謹慎，即使不時遭到跟蹤，仍處之泰然。「我們身上背負著上人與全球慈濟人的期望，就盼能開出一條路來。」李濟瑯回憶說。

「誠」與「情」是慈濟人處事的不二法門，最終取信於當地政府，獲頒准證，並受邀參與救災重建計畫。發放稻種和肥料，並同時舉辦義診；追蹤慈善和醫療個案，發現貧窮孩子沒錢讀書的苦境，而展開助學。

「慈堯師姊為了救一位血癌少女，曾下跪求院長幫忙；慈斐師姊一再跑去醫院關心臉部燒傷的恩恩翁……」那時還是初發心的李金蘭，一邊翻譯一邊動容：「她們遠從馬來西亞來，都那麼盡心盡力，我是本國人，又怎可能無動於衷？」

從感動到發心立願成為慈濟人，不僅李金蘭一人，還有一大群志工。在佛國，人人本就具有善念，加以行動推波助瀾，便如漣漪擴大，不論華裔或其他族裔，老闆、員工、教師、家庭主婦等紛紛走出家門，他們雙腳踩過無數個農村、雙手慰撫過許多受創的心靈，在緬甸造就出善的循環。

待到援建頂甘鐘、馬揚貢、雅倫三所希望工程學校，以及在丹茵鎮援建十二所、七十一間鄉村課室，又衍生出更多助學案例，也到各校發放文具。從幼童到青少年，一群青春幼苗就此成為慈青生力軍，對志業的推動出力頗大。

稻種發放的準備工作中，核對名單、造冊輸入電腦，總可看見年輕學子熬夜趕工的身影；到農村辦「米撲滿」回娘家、幫照顧戶蓋房子、為廢棄的圖書館整修及添購書籍、協辦浴佛節活動、為農村小孩做「靜思語」教學、關懷老人院等，處處也都有這一群青年的付出，他們有創意，又有行動力。

二〇一二年起，我前後去了緬甸四次，接觸個案和志工，也親臨發放現場、關懷活動，感受到那分「真」與「純」。

在文具發放現場，教室裏沒電扇，人員擁擠、密不通風，志工拿起厚紙板不停地為孩子們搧風；中午暫時休息，每人帶來一道菜，一群人席地而坐、圍成一圈吃了起來，場面十分溫馨。

行的部分，公眾活動以外，我們自行安排行程，多次有賴江相賢和賴星燦兩位師兄開車接送，隨行翻譯的蘇金國、曾玉華、林佳慧、曾麗珠等人，年歲都已六、七十了，就這樣跟著我們奔波一整天。看著他們在卡車上累到睡著了，緊貼鐵欄杆的頭一直撞擊晃動，實在覺得心疼。

尤其是林佳慧，她的腳膝蓋退化痠痛，要爬上墊高的農舍，還需要人攙扶。偏偏在仰光，懂中文的志工都已上了年紀，雖然很為難，但也只能拜託他們。

從二〇〇八年五月起，至二〇一一年底為止，三年半扶困計畫告一段落，馬來西亞志工撤出緬甸，但關懷的心從未離開，需要搭蓋簡易屋或有大型發放，他們都會過來幫忙。當中走得最頻繁的要屬葉淑美、郭濟緣、張濟玄、王綺楨等人，透過他們，我得到很多資訊，而三年中負責攝影的大馬同仁藍錦菲，也告訴我不少她所記錄的故事。

二〇一八年十一月的綠豆種子發放及二〇一九年二月的稻種發放，臺灣的志工黃秋良、詹龍禎、王大禮、溫素蕊、張素禎、吳寶連、陳力壽、李勇德及大馬志工郭濟緣、蘇立斌、張濟玄、王綺楨、吳儀榮、李文傑、林添益、郭糧鳴等人承擔先遣任務，往返緬甸多趟，安排協調發放前的準備工作。

最近大馬和緬甸志工在長期互動的岱枝鎮瑞那滾村，與政府農業部合作「大愛農場」計畫，這是繼推動「米撲滿」、發送太陽能板後，又一重大決策。由慈濟引進耕耘機為參與實驗的農民犁田、整地，再由農業部派員教導插秧等耕作方法，稻種也是選用優質品種；農民們皆言，收成後，預計產量可從每畝六十籮增至八十籮。若大有斬獲後，將再推行到其他村落去。

在緬甸，推展慈善、農業、教育、醫療多年，還有一個人不能遺漏，就是華商林銘慶，慈濟許多志業都由他牽線。二〇一八年納吉斯風災十周年時，林銘慶與大馬及緬甸志工連袂來臺拜見證嚴法師，他對法師說：「慈濟做事，真是有頭有尾！」沒想到，法師竟幽默回了一句：「還有中間喔！」令他大大折服，直稱法師所言甚是。

林銘慶還提供自家倉庫，讓緬甸慈濟人作為辦公室和聯絡處使用。近來，臺商志工溫斯郎也徵得家人同意，把一塊約兩百坪的土地含辦公室捐獻出來，作為新的聯絡處。

這個新會所比原先的大一倍，可容納日漸成長的志工群，也便於舉辦活動；對為數眾多的華人區志工而言，搭公車更方便，只需一趟車即可直達。

至二〇一九年底，緬甸已受證的委員、慈誠總數超過六十位，見習和培訓志工也達到三百人，還成立了人醫會、慈青聯誼會等組織。

而我所觀察到的佛國人，無論農人或志工，都是那樣的質樸善良，他們物質上或許不豐裕，心靈上卻是富有的；就因人人都愛布施，也難怪英國慈善援助基金會（CAF）評定的「世界捐贈指數」排行中，緬甸曾名列第一。多數人民習於捐獻寺廟，藉以累積功德；有機緣接觸慈濟後，則轉化為親力親為，所得的感受也更加深刻。

愛心和善念是會傳染的，這是緬國人寶貴的資產，也是最美的心地風光！

〔楔子〕

# 稻香飄散時

二、三月是緬甸綠豆的採收期，曠野大地一片乾旱，僅見綠豆田有幾許綠意點綴其間；那一串串垂掛的豆筴，轉成了灰褐色，就代表果實已經成熟了！

我跟隨農婦的腳步挪移，在她雙手摘採的瞬間，「啪、啪」響聲亦隨之響起；一捏即碎的外殼，剝開來看，果仁顆顆豐厚而飽滿，攤在陽光下，真有如圓滾晶亮的「綠珍珠」，帶給人喜悅！

這是二〇一九年二月中，勃固省拜瓊村（Paing Kyone）農工們的採豆現場。前一年七、八月的連續豪雨，襲擊了仰光、勃固、孟邦、克倫邦等幾個省邦，造成重大災情；慈濟於十一月緊急採購綠豆種，發放給較貧困的前兩省農民，歷經三個月的生長期，終於見到成果了。

## 年復一年的水患

受到氣候變遷影響，也因為境內河流多，緬甸幾乎每年六至十月雨季都會遭逢水患，只是大小程度不同而已。

自二〇〇八年納吉斯風災發生以來，慈濟進入這個農業國救災，多年來做過不少大型賑濟，發放稻種就有三、四次，發綠豆種還是頭一回。這是因證嚴法師心疼農民，上一季的稻作收成已落空，若未能及時搶種綠豆，錯過了時節，連生活都會出現問題，又哪有錢買下一季的稻種，因此要慈濟人盡快做補救。

當時的外電報導，大水把緬北撣邦一座六十公尺橋梁硬生生沖毀；中部和南部多個省邦的道路和農田遭受嚴重破壞；西部若開邦從空拍看，許多道路被汙泥覆蓋；緬南與泰國接壤的克倫邦首府帕安（Hpa An），救難人員乘坐小船在湍急水流中搶救人命，居民也搭起竹筏帶著妻小倉促逃離……一連串的災難景象，都顯示水勢的兇猛。

九月，水患方歇，臺灣、馬來西亞及緬甸三國慈濟志工便組成了勘災團，在總協調黃秋良及馬來西亞分會執行長郭濟緣、緬甸聯絡處負責人李金蘭聯合帶隊下，一路從仰光出發，先往南部孟邦及克倫邦勘查，接著再北上到勃固省訪視災情。

勘災團走入孟邦的哉瑪瑤（Kyaik Ma Yaw）農村時，一位農民陳述，大雨前後來了四次，都快把人給吞噬，而他的農田稻苗全淹死了，災況是三十年來最慘重的一次。

還有一對老農夫婦，令人見了極不忍！八十三歲的老翁背駝得厲害，妻子說他是插秧時不慎扭傷了腰；老翁卻強調，若不耕種就沒飯吃，當農夫是他一輩子的天職。

這對老夫婦的廚房矮桌上，飯鍋裏只剩下一小團飯，旁邊擺著兩罈酸桔葉和蘸醬當佐料。

緬甸志工郭寶鈺關心問：「你們的糧食還能吃幾天？」老婆婆回答：「只夠吃十天。」郭寶鈺再問：「那之後呢？」她說：「可以吃別人給的餅乾。」「餅乾吃完了，又該怎麼辦？」這時老婆婆摸著耳朵上的一對金耳環，表示會拿去典當，換錢買米吃，聽得眾人一陣心酸。

而去到勃固省，很多農地積水未退，農作物毀之殆盡。有一村災情特別嚴重，村長告訴勘災團，該村超過兩百畝田地全毀，一百多戶農民想再補種稻子，已失去了時機，只能等待十月底播下豆種；但因留存的綠豆種都被大水沖毀了，先前借貸來種稻已血本無歸，若要再買豆種，很多人就必須去借高利貸。

這種債滾債的惡性循環，在緬甸很常見。早在二〇〇八年慈濟初接觸農民，就一再聽聞農家的無奈，他們多數會在四月先向政府農業部銀行貸款，作為當年的耕種費用，年息雖僅六分，但隔年三月就得連本帶利償還，否則就難以再借貸。

有許多農戶稻子歉收，又必須清償政府的欠債，只好轉向民間借款，利率很高，從百分之三十到八十都有，一旦債務難清，利滾利的結果，只會愈欠愈多，不得已之下，有人只好賣掉部分土地去還債，耕作面積也愈變愈少。

還有人為了還借款，一收成，穀子便全賣光，別說留存下一季要播的稻種，就連平日要吃的米也得向商家購買，種稻的人沒米吃，這對農民真是一大諷刺。

## 利上加利的借貸

緬甸自古就是有名的稻米生產國，在一九三〇年代的英國殖民時期，還曾締造三百多萬噸的高出口紀錄，占全球第一，被譽為「世界米倉」。後來，因國家政策封閉，耕作技術落後及水利灌溉系統不完備等因素，導致排名下降，但仍是重要的稻米輸出國。

納吉斯風災後，慈濟為幫助農村盡速復甦，在仰光省的坤仰公（Kungyagon）和礁旦鎮（Kyauktan）兩大災區，發送快熟型稻種，生長期只需一百一十天；二〇一〇年又對重要產米區丹茵鎮（Thanlyin）廣發給二十九個村優良稻種；二〇一五年仰光省北部發生水患，也馳援岱枝（Taik Kyi）和莫比（Hmaw Bi）兩鎮。

二〇一八年水患，為解農民們的燃眉之急，先發送兩省五鎮綠豆種；二〇一九年二月，再對仰光、勃固、孟邦及克倫等四省邦，展開大規模稻種發放，受惠農民達四萬七千多戶，面積有二十萬三千多英畝（約八萬兩千多公頃），相當於四十四分之一臺灣那麼大。

在仰光省礁旦鎮的發放現場，我遇見了柏加魯（Baw Galut）的村長，他帶著一群村民來領「祝福卡」。這次發放是以領卡代替領穀種，由宗教處高專柳宗言建置 Ragic 雲端系統，預先把農戶資料全輸入電腦存檔，在發放時，志工只需據以手機上的裝置，掃描農民拿來的通知單條碼，即可完成報到。

爾後，一個月內，農民再憑藉卡片到所屬農業部倉庫領取稻種。如此一來，不僅省卻現場搬運的麻煩；也因核對速度快，雙方可增加互動時間，讓交流更為密切。

「我們村子到時會一起用貨車去載回。」柏加魯的村長吐露說，水災後，大家都過得很苦，短期內很多農地無法復耕，農民們就開始想其他的辦法了。

有人會去向生活寬裕者借地來耕種，約定收成時給對方一半的稻子；又或是向別人借稻種到自家田地種，也幫對方耕田，每畝田回給六十籮，若達不到，就要自己補貼。這樣的權宜之計，等於用雙倍勞力，獲取減半的收入，但總算是聊勝於無啊！

潘托村（Pan Taw）的村長也提到，他哥哥有十五畝田，連續三年都淹水，欠債已高達兩百多萬（約臺幣四萬元），若下一年再還不了政府的貸款，就得上法院去做說明。

幸好，之前他哥哥拿到慈濟發的三籮綠豆種，種在三畝地上，另有三畝地重播了稻種；其他土地因地勢低窪，就閒置不敢再種了。

結果，重播的稻子又淹了水，每畝田僅收成二十籮，足足比往年減少了一半；綠豆田則正在採收，預估會相當不錯。現在又能領到慈濟發的稻種，雖然還不夠所有的田地使用，需要再採購，但相對而言，經濟負擔已減輕不少。

這位村長還說，一籮稻穀賣五千六百元，綠豆約可賣到四萬三千元，他哥哥各種了三畝，扣除要留種，總收入應幾近三百萬。不過，這還得扣掉耕作費用及日常開支，要完全打平，絕不可能；但暫且能償還一部分欠款，壓力就沒那麼沈重。

「種田要看天的臉色，也要看人的臉色！」在發放典禮，證嚴法師的這段話出現在影片中，真是切中了農民們的心聲，字字句句都打進了他們心坎裏。

就緬語字義，「農民」是「Lal Tha Ma」，「Lal」是「循環」之意，這不正意謂著收成的好壞，跟天候與人為有關，此一因果循環是農民都逃不過的宿命。

但也不要以為，種愈多田就能賺愈多錢，在勃固省良禮彬鎮（Nyaung Lay Pin）的一處發放地點，我們碰到的一戶農家，就顛覆了我的想法和觀念。

這對同住的姑姪，家裏七口人耕作三十畝田，看起來好像很富有。但問題是前一年種稻，連淹了兩個月，全部絕收；十一月種豆，又遭逢下雨，也全軍覆沒，一年連虧了兩次，種愈多虧愈多，真是欲哭無淚！

他們向農業部貸款，每一畝田貸十五萬，利息七點五分，一次可借半年，在全無收成之下，累積已欠政府四百五十萬、私人三百萬元，簡直快難以翻身了。

我問他們，家中的年輕人難道不想外出打工？姑姑回答，村子離市區太遠了，土路崎嶇難行，出一趟門很不方便，搭摩托車到大馬路，就將近一小時，遑論去到市區，而且還要支付一筆車資，根本划不來。

的確，當日我們一群人搭乘遊覽車進去，就領教到道路的顛簸，黃土路面坡度很大、彎道又多，且處處有凹洞，車行中不停震盪，隨行的小哥還常要下去指揮司機如何轉移前進。

行經一座木造橋梁時，所有人都必須下車，以減輕車子的負重，空車先通過，人再走過去，等人車會合後，再重新啟動上路。

## 寸寸前進的賑災路

緬甸的賑災路，真的很難行。有形的是，很多農村道路坑坑疤疤，不論搭卡車、摩托車、拖拉機、牛車，都會整路搖晃，揚起的沙土，又把人吹得灰頭土臉；無形的是，自二〇〇八年慈濟人進入救災，一路上經過很多的磨考，甚至遭到監視、誤會，有人還曾被帶去警察局問話。

當時是軍政府治理，社會氣氛詭譎，動不動就會無端惹禍上身，即使立意是好的，也可能遭致誤解。也因此，最初慈濟九人賑災小組，抱持戒慎、謙卑的心，一步步慢慢踩穩腳步，縱使是去援助，可姿態擺得比誰都低；因而最終能獲得政府信任、取得准證，之後也才有一系列的扶困方案。

時至今日，十二年過去了，總算是孕育出甜美的果實，不管在慈善、農業及教育補助方面，都有很深的著力點。

以稻種發放為例，從前人地生疏，必須仰賴當地華商牽線，尋找購買稻種和肥料的管道；放置的空間，也是要透過華商去幫忙接洽。而今，與政府農業部熟悉了，雙方已建立良好默契，農業部會主動撥給倉庫讓慈濟存放，並加派人手進行分發，這都因有仰光省農業部總監烏佐佐（U Kyaw Kyaw）的居中協調，而最早引介他的人正是華人實業家林銘慶。

更重要的一點，慈濟因稻種發放緣故，在農村推展「日存一把米」、「米撲滿」助人行動，獲得農民們熱烈響應。從最早的烏閔壽，到烏丁屯、烏善丁等人，他們所代表的是從一個人到一整村的效應，甚而擴及至三十幾個村落，愛心的漣漪就這樣蕩漾開來。

二〇一九年二月，臺灣、馬來西亞、緬甸三國志工共兩百多人的超級賑災團，一連十天在仰光省、勃固省、孟邦及克倫邦的農村走踏奔波，為四萬七千戶受災農民展開有史以來最大範圍的一次稻種發放，每天行程排得很滿，大家的心卻備感充實。

設在勃固省葛瓦鎮（Kawa）一處禪修中心的發放點，緬甸志工蘇金國對著農民講述佛法，他談起「布施」與「力行」的觀念，大家都專心諦聽。曾受慈濟扶助的烏丁屯也站出來現身說法，闡述他是如何從一位貧農，因獲贈稻種而改變了命運和生活；又因「存米布施」，而變成了能助人的人。

他的一番表白，獲得了廣泛的共鳴，農民烏欽溫（U Khin Win）即率先回應，他也願意效法。他說，緬甸人本就有煮「第一碗飯」供佛和供僧、拿收成的「第一把米」救濟窮人或長者，以及把稻穗吊掛在門口讓鳥兒來吃的風俗習慣，這些都是古老傳承下來的美德。

當他在現場抽到一句「靜思語」，上面寫著：「任何事都是從一粒種子、一個決心做起。」更加強了他想存米助人的信念。

## 一粒種子生百千萬

烈日高照下，每一趟跋涉去農村的路，其實都走得很辛苦。這十二年來，又有多少志工是這樣前仆後繼地走著？大家把汗水化成了動力，將吃苦當成滋補，過程中，看盡了人生百態及悲苦離合，也嘗到了許多甜蜜互動及真摯情誼，正因為彼此相知相惜，所以「緣」結得特別深，也拉得長。

當年首發賑災團成員之一張濟玄，可說一路上見證著歷史的演進。他談到：「我們當初一行人只是單純去救災，沒想到能開出一條路來，稻種發放、蓋希望工程、文具發放，後來又做了助學……任務一件接一件，好像永遠都做不完呢！」

世居檳城的馬來西亞分會執行長郭濟緣，則懷想起他的童年時光，吃的米便是從緬甸運送過去，當時兩邊貿易熱絡，故在檳城有「緬甸路」、「伊洛瓦底路」的命名；而著名的佛寺「極樂寺」及近機場的「中山學校」，是緬商胡文虎和胡文豹兄弟所啟建，可見緬甸曾經富裕到可做資金外援。

曾幾何時，時空交錯，現在變成是大馬人來支援緬甸。循著前人的步履，王綺楨這五年來不知跑緬甸多少趟了，在陪伴當地志工從事各種救濟中，她發覺緬國人很純真、農人很有韌性和耐勞，就像遭遇天災那麼多次，農田毀過無數回，可他們依然勤勉耕作。「這應是一種基於對土地的熱愛吧，事實上，農民與土地很親密，早已是生命共同體了！」王綺楨說著。

身為在地人的李金蘭，自稱吃米五十年、也知道自己國家產米，卻是直到深入農村、慰訪農民，才了解原來不是每個種田的人都能吃得飽。「農民們等同於是用很廉價的勞力，在辛苦餵哺全國百姓及出口糧食，收入有限，還要擔驚受怕天災帶來損害，這種只問耕耘卻不見得有收穫的情況，真的很令人心疼！」

更甚者，有多少農村子弟，是因為家裏沒錢供應念書，而必須休學去工作。王綺楨和郭寶鈺等人回訪仰光省時，到了東卦鎮（Thongwa）的一處村落，就聽見一戶農家的女兒，就讀法律系二年級，正當開學在即，卻因家境困難繳不起學費，而面臨休學。

得知這位女孩準備赴大馬打工，王綺楨腦海中突然閃過一個念頭，那是她經常在檳城街邊看到的景象——一群臉上塗著塔納卡（Thanaka，香煉樹粉）的女孩，成群結隊走著要去工廠做工。

此情此景，讓她心頭震了一下，回過神來，她馬上跟郭寶鈺商量：「這麼優秀的女孩，我們要不要幫忙？」兩人對看了一眼，幾乎是異口同聲說：「幫！」

輕輕的這一句話，挽救了女孩的命運，她不必輟學了，得到保證可以繼續讀完大學。

＊＊＊

徐徐和風吹來，站在茅草屋錯落的農村裏，有一股稻香自田間飄來，那是揉合著泥土與稻草的芳香，使人感覺通體舒暢，心情也為之豁然開朗。

來自臺灣的溫素蕊分享說，她生長於桃園鄉間，兒時都是打著赤腳走路，因為家裏窮，父母又早逝，兄姊們很早就外出工作，只有二哥和二嫂留守家園從事農務。她讀小學四年級，就要負責煮飯，還要牽五頭牛去吃草，小小個頭的她，一邊放牛，一邊就乘空看書。

溫素蕊說，身為農家子弟，她特別能體會「靠天吃飯」是什麼感覺。插秧後最怕淹大水，因為稻苗會慘兮兮；收成時，又希望能出大太陽，可以方便割稻及晒穀糧……幼年的記憶非常深刻，正是五十年前臺灣農村的寫照。

此行賑災，溫素蕊是先遣人員之一，早於大隊人馬之前就先做訪視。一日，他們走進農村，從一間寺廟走出來時，她刻意不穿鞋子，就光著腳丫子走鄉間小路。那時，感覺大地好清涼，貼近土地的滋味，好熟悉！

這些親身感受，不一定是上了年紀的人才懂，只要是跟土地有過親密接觸的人都能領會。農人與農村、土地與農作物，本就密不可分，到哪兒都一樣；而人與人之間的連結，可以是偶然，也可以常相伴隨。

慈濟耕耘緬甸十二載，承先啟後的步伐從不停止，不論先來或後到，大家對這片土地的關愛，始終熱切，不因時空阻隔而疏離，也不會因短暫離別而消散；更重要的是，期盼下次再見面，稻米能多增產、農民生活過得富足，則不枉來回奔波走那麼多回了！

TZU CHI

# 輯一

# 於如來地志不動

## 非常任務

時光倒回二〇〇八年五月二日，強烈熱帶氣旋納吉斯直撲緬甸而來。

這個生成於孟加拉灣的狂烈風暴，最高風速達每小時兩百一十五公里，自南部海岸登陸時，掀起三點六公尺高的巨浪，衝擊伊洛瓦底江沿岸的省邦，造成毀滅性損害，死傷人數不斷攀升，逾百萬人無家可歸……美國有線電視新聞網（CNN）甚至形容，比卡崔娜颶風還要可怕！

緬甸主政的軍政府，一開始態度非常強硬，並不歡迎國外救援團體進入，也拒絕外媒到災區採訪，因此外界所知訊息極為有限。

慈濟基金會一方面關注災情變化，另方面也積極探詢赴緬救災的可能性。眼見國際媒體陸續傳出災區情況，死亡及失蹤人口呈暴增之勢，災區缺糧缺水嚴重，甚至有疫情發生，緬甸政府在聯合國及各方輿論壓力下，才逐漸對外有了鬆動，同意接受聯合國緊急救援。

五月六日晚間，慈濟花蓮本會聯絡上在緬甸的華人林淑華，她本是一名醫師，後轉業經銷保健食品，一年前到過臺灣參加國際慈濟人醫會年會；當詢問她可否提供給前往救災的人員相關協助，她一口就答應。

考量地理位置較接近，又同屬東南亞國協成員，慈濟本會決定由馬來西亞和泰國志工組成首發先遣團。

在檳城方面，有李濟琊、張濟玄、郭濟敬，吉隆坡集結的是李文傑、姚福財、駱輝堯；另外，李建忠也從泰國趕至，陳濟任和黃崇發兩位具有大馬國籍的宗教處同仁，則在結束斯里蘭卡海嘯災後重建工作後，直接奔赴馬來西亞與其他團員會合。

九日傍晚，透過一位仲介的幫忙，好不容易才拿到赴緬的簽證，十日一早，賑災團就從吉隆坡搭機出發。為了避免到達緬甸時太過醒目，他們分別穿上藍衣白褲、灰衣白褲、藍襯衫西裝褲等不同的慈濟制服。

兩個多小時的飛行後，賑災團於緬甸時間上午十一時半抵達仰光國際機場。由於先前已知通關審查嚴格，慈濟雪隆分會透過管道，取得緬甸在地的航空公司承諾協助，得悉慈濟志工是去救災，特地安排機場人員帶領團員們出關，也免去攝影和通訊器材被搜查的風險。

等順利通了關，即瞥見來自廣東電視臺的採訪團，因攝影器材沒預先申請而被扣留了下來。

## 軍政府氣氛森嚴

早些時候，大家心理即有準備，這趟路絕對不好走。因從國際間報導，以及過往對緬甸的印象，知道這個由軍人領導的政府，極權、跋扈又保守，對外人處處充滿戒心。真正踏入後，賑災團確也感受到不同的氛圍。只不過，曾揣想緬甸與北朝鮮情形相若、戒備理當森嚴的李濟瑯卻提到：「我本以為入境時，會看到軍人直挺挺地站一整排，表情很嚴肅；結果，並非如此。」

他說，海關人員雖談不上親切，倒也不會給人壓迫感；又見到林淑華及當地一位企業家烏茂茂（U Mau Mau）前來接機，眾人心情頓時放鬆了不少。

搭上遊覽車，駛離了機場，團員們所見盡是一棵棵被風吹倒的大樹及廣告招牌，電線桿也被吹得東倒西歪，這已是災後第八天，市區秩序仍未恢復。

林淑華沿路對大家解說災情，她談到，仰光市區有不少房屋倒塌，人民生活受到影響；但食物和汽油燃料價格已不再飆漲，降至比平時高出一至兩倍，飲用水供應正常，電力則未完全修復。

林淑華特別強調，政府還是不允許外國人進到重災區，但私人捐獻的物資可透過寺廟發給災民；她與公司員工已進行過一波的救災，從協助住戶清理周遭倒掉的大樹到分發食物等。

入住旅館後，林淑華請來一位法師與團員們進行交流，法師與政府關係良好，所以募集資金和發放都很順利。

法師帶來了一支影片，記錄南部重災區伊洛瓦底省的慘況，其中受創最嚴重的拉布達（Labutta）和柏加樂（Bogale）兩市鎮以及附近村落，宛若經歷了一場大浩劫，令人怵目驚心！

畫面中，可看見罹難者的遺體，被直接推落河中或曝晒在烈日下；很多災民沒有東西吃，一位婦女竟撈取水溝裏的水，烹煮死掉的水牛；還有父母雙亡、在街頭遊蕩的小男孩……種種淒涼的景象，令人不勝唏噓！

法師直指，災區環境非常惡劣，已有多人感染瘧疾或出現腹瀉，政府設置的醫療站不足，連最基本的點滴輸液都嚴重匱乏。法師只能藉由私人力量，募集到約一萬瓶點滴，已有五千瓶運送到拉布達鎮，後續還會將剩餘的部分送至其他災區。

聞言，團員們都感到十分不捨！但礙於緬甸政府禁止外國人進入重災區，就算有心，也無能為力。

## 重重難關中勘災

既然無法到重災區，林淑華當日下午就找來一位會講中文的華人帶領三位團員到仰光北部的蓄寶甘（Shwebaukan）勘查。這個開發沒幾年的小鎮，距離仰光約四十五分鐘車程，雖然受災情況比不過南部，但很多人的住家也被摧毀而住到收容中心。

這位幫忙翻譯的華人，行事十分謹慎，上車時一再叮嚀團員們，遇到路障，頭要低下，相機和攝影機也要藏好，不能被看見！

在南摩耶（Ngamoeyeik）收容中心，緊鄰的一條河流旁，擠滿了用木條、竹子及塑膠布搭成的簡易帳棚，災民住在此處，既不能遮風蔽雨，夜晚還得忍受天寒及蚊蟲叮咬。

此外，衛生條件不良，民眾隨處大小便，垃圾也任意亂丟。飲食方面，有善心人士及公司團體發放物資和水，林淑華也曾帶著員工來發放過，災民就這樣有一餐沒一餐地過日子。

當華人翻譯與李建忠去找領導談話時，李文傑和駱輝堯為了蒐集災情，順勢拿起相機和攝影機在周邊拍攝，不料卻遭到翻譯用餘光掃視，示意他們不能再拍。

等離開了收容中心，上車後，華人翻譯再一次鄭重地表明：「你們再這樣做，我就不敢當你們的翻譯了！」

同一時間，留在旅館的人員與烏茂茂會面，他經年與檳城的華人有生意往來，認識了馬來西亞分會的執行長郭濟緣，才被推薦給賑災團。

烏茂茂帶著女兒和弟弟一同前來，其弟也正協助大馬的一個醫療救援組織，向緬甸政府提出救災申請。

根據他們提供的訊息，軍政府與聯合國的關係並不和睦，雖然願意接受外界的物資，卻不願被外人插手進來。

然而，慈濟賑災團不肯放棄，接下來幾天都由李濟瑯和陳濟任負責出面，不斷找尋關係、約人來旅館洽談，就是希望找出接觸政府的管道。

「我們的目標是拿到准證，可以光明正大地救災。」李濟瑯說，這是首要的任務，得到政府的認可，比什麼都還重要，這樣賑災團隊才能接續進來。

為了達成任務，他和陳濟任每天花很多時間跟人打交道，洽談對象包括商人、法師、公務人員等，都是經由臺灣、大馬、新加坡及在地人脈牽線而來，甚至聽到旅館服務生有親戚在公家機關上班，他們也靠過去詢問，就是不想錯過任何機會。

每當他們約人洽談，總會有人坐在附近角落，藉故看報紙或喝咖啡；而來訪的對象，也總是一副神祕兮兮的模樣。有次在緬經商的大馬拿督梁景文，就直接用廣東話挑明：「坐在前面的那兩人就是『特務』！」

李濟瑯想起，他們從一下飛機，就感覺有人在跟蹤，走到哪裏都有。而與他們同一天抵達，又住同一間旅館的廣東電視臺團隊，不知觸犯了什麼禁忌，竟然第四天一早就被遣返出境。

這一連串發生的事，只讓團員們內心更加堅定：「我們本意很單純，就是來救災，被人監視何嘗不是好事，最好他們能把看到和聽到的內容都呈報上去，就會知道我們並沒有惡意。」

團員愈是遭到跟監，愈表現得落落大方，約人會面的地點，也毫不隱諱就選在旅館的大廳，而不是躲到房間，即是想證明慈濟人行事坦蕩。

如此耐心地約人碰面，終於出現了一位總理辦公室的人，還有一位廠商老闆也跟總理時有聯繫，確定關係可以通達上層的有八至十人，賑災團都請他們幫忙遞交「救災計畫書」，裏面寫有慈濟援助斯里蘭卡海嘯的經過，包括發放大米、辦義診，以及後來援建永久屋、醫療所和學校等。

## 突破關卡啟悲行

五月十二日，算是一大突破點，由烏茂茂引介，李濟瑯、陳濟任、李建忠及張濟玄等人，首度前往社會福利暨救災重建部拜會。出發前，每個人都戰戰兢兢。

「我們是帶著證嚴上人和全球慈濟人的期望而來，絕不容有任何閃失或說錯話。」李濟瑯說，正因為責任重大，壓力也倍增；而陳濟任則事先準備了相關資料，當中包含前一年中國大陸頒給慈濟的「中華慈善獎」影印本。

當天，他們一踏進偌大的辦公室，就見兩位身穿傳統籠基的男人坐在木桌前辦公，而主席位空著。

等待時，四人腦海中不停盤旋：待會兒該如何開口，要如何用最短的時間充分表達慈濟的救災模式及理念，又該如何展現最大的誠意？

約莫十分鐘過去，有人領他們走進一間會議室，陳濟任打開手提電腦進行簡報，其他人也跟著向前，但為了讓總監和主任能看清楚螢幕，他們很自然地蹲跪下去，這舉動反倒讓對方嚇了一跳，馬上就站起來，並要他們坐下來慢慢談。

等報告完畢，總監感動地說：「這幾天我接見過無數外國救災組織，大多是基督徒；

真的很高興看到一個這麼有效率，又援助過那麼多國家的佛教團體願意來幫忙。」他收下了計畫書，表示會翻譯成緬文，呈給總理及各部會審閱。

乘著話題正興，他們四人請求總監，在等待進入重災區的許可證批下來之前，可否先讓慈濟在仰光一帶進行勘災及發放？

得到默許後，賑災團在十天內展開了四場發放，分別是蕃寶甘、烏東賓（Nyaung Thon Pin）兩場及南德公（South Da Gon）。為了應付龐大的發放量，林淑華動員了近百名員工前來幫忙。

但是光有上級的口頭承諾，仍無法下達到基層單位。在當時的緬甸，除了村長外，還有「百戶長」、「十戶長」的編制，藉以對人民進行掌控；而在慈濟的各場發放，也常碰到有地方官員要求團員們寫下護照資料，就怕會橫生枝節。

曾經在南德公的發放現場，一位荷槍的軍人氣沖沖地衝了進來，他用力踹著大門，厲聲怒喝：「是誰允許你們這麼做？」頓時引起一陣騷動。

好在村民們都很團結，將法師及團員們團團圍住，極盡保護；軍人見苗頭不對，託口說要去買汽油，便開溜了。

還有一次，是李建忠和駱輝堯兩人跟隨當地幾位華人志工欲前往南部重災區坤仰公勘查，詎料半途就被軍警攔下，理由是不准外國人去。

隔沒幾天，換李文傑和黃崇發隨同亞洲基金會的車隊一起前往，這一次總算闖關成功了。

當天，他們弓著身子躲在卡車後方，與滿載的物資和瓶裝水擠在一塊，因為有衣物做遮掩，碰到關卡盤查時，才沒被發現。

就這樣連續度過幾道關口後，終於抵達目的地。也因為有這趟重災區之行，才讓他們深刻體會到災民們的處境有多麼艱難。

李文傑說，風災過去半個月，沿路農田的積水仍未退，一些牛的屍體就浮在上頭；道路兩旁，有很多民眾蹲在那裏，等待善心人士來分發食物，還有不少人是從大老遠的鄉下跑來，就因家中的妻兒正挨餓著。

車隊在布滿碎石和爛泥的馬路緩慢行駛，隨處發送食物和水，最後來到一處偏僻的村落。當車子一停下，民眾便爭先恐後圍了上來，經隨行法師的勸告，他們才安靜地列隊蹲在稻田邊。

令李文傑感到十分難過的是，很多人一拿到麵包立刻狼吞虎嚥了起來，那一張張往上伸出的手，教人看了心疼：「原來人到了飢寒交迫時，是無法顧及尊嚴的！」

## 等來救命許可證

賑災團在緬甸待了兩個星期，所見所聞實有無限感慨與無奈。

李濟瑯說：「我們明明可以做得更多，只需給一張准證就好了！」陳濟任也應和，他們每隔一、兩天就跑去社會福利部一趟，幫忙處理一些雜務兼做翻譯，就是希望能獲得信任。「我們每天都等著很心急，不知道什麼時候才能盼到好消息？」

跑到後來，他們與部內人員很熟了，會講英文的總監祕書，便常對他們講貼心話：「你們回去慢慢等，一定會有機會的！」他還拿出厚厚的一疊資料，表示這全是來自國外NGO的申請。

時間一天一天過去，距離賑災團預計回返的日期已近，依舊沒有下文；但那位祕書仍是安慰：「你們再多等一陣子，一定會有結果的！」

等到了團員們離開緬甸，又經過兩週時間，六月七日終於接到通知，緬甸總理已在前一晚的特別會議上，批准了慈濟的救災申請。

三天後，馬來西亞分會執行長郭濟緣即刻帶隊啟程，李濟瑯、劉濟旌、邱文龍同行；臺灣方面則由當時的宗教處主任謝景貴領隊前往。十二日，社會福利部先發給慈濟一張進入重災區的通行證，期限只有一天。

眾團員立即把握機會，由林淑華引領，驅車兩個半小時到達坤仰公的江章村和卡瑪巴村訪視，並對兩村共四百八十八戶，發給白米、食用油、紅豆及手電筒等生活必需品。

六月十四日，終獲得社會福利部正式發函，邀請慈濟人參加災後的重建。緬甸政府提出了考慕鎮（Kaw Hmu）和唐德鎮（Twantay）兩地，各距離仰光約一個鐘頭，給慈濟評估作為援助的重點。

緊接著，受災學校也待援建，慈濟賑災團實地走訪了仰光近郊的幾所學校，又拜會教育部副總監，整體了解情況後，決定納入研究。

綜觀那麼多國外救援組織，慈濟能獲頒第一張「救災許可證」，其實是有原由的。「他們先讓我們到坤仰公發放，應該是為了試探我們的誠意及有無其他的意圖。」郭濟緣感受到軍政府處事的謹小慎微，對任何小事，都考察得很仔細，絲毫不容有差錯。

李濟瑯也說：「可能我們的身段夠柔軟，不會讓人感覺高高在上，才教他們感到放心。」他進一步指出，當天被通知去社會福利部面試，除了慈濟外，還有另一個德國的救援團體也受邀請。

等兩方都報告完後，總監當場就把「許可證」頒給慈濟；而德國那一團，卻叫他們回去再修改計畫書。

後來，德國團員還打電話來詢問：「為何慈濟過得了關？」李濟瑯好心提醒：「你們在報告時，一直說要放幾百萬美金救災，感覺高人一等！而我們是具體呈現做法，也分享過去在別國的援助經驗，並且強調一定會遵照政府的規定行事。」

李濟瑯最後補充：「重點是要做到『尊重』，以及態度要『謙卑』。」這也是當初出團時，證嚴法師對他們所做的叮囑，一路走來，大家都謹記在心。

另有一個轉折點，是緬甸政府一向跟中國大陸交好，多少對來自臺灣的慈濟有所顧忌。總監祕書之後也跟團員透露，高層確實查證過慈濟的背景，不僅讓派駐在東南亞各國的大使館寫回來報告，詳述慈濟是怎樣的團體，並且知會了大陸當局，結果得到的評語全是好的。

這一切結論，讓團員們更加堅信，慈濟人走到哪裏，都要顧及形象、端正言行，盡最大的努力做事，那麼即使對方存有疑慮，日久也會化解開來！

## 克難中發放

慈濟第一梯賑災人員，在時間緊迫又處處受限下，能在短短兩週內完成四場大型發放，實屬不易。

全體團員都是首次踏入緬甸，人地生疏，幸有各方人馬一路相伴和協助，大家各司其職，扮演好承擔的角色。

要發放，首先得張羅物資，這方面李文傑很有經驗，過去在斯里蘭卡賑災時，他就負責採購。抵達第二天，林淑華就請人帶他到批發市場了解米、油、鹽等物資行情，以為發放準備。

住在仰光的大馬商會前主席林師權，也是一個洽詢管道，他娶當地人為妻，定居緬甸已十多年，專做貿易，出貨量大且及時，慈濟一有需要，馬上就能調到貨，並協助交通運載。

人力方面，林淑華的員工傾全力配合，每一場都來了四、五十位，參與很踴躍，也跟慈濟人結上很好的情誼。

## 給物資不忘關懷

五月十五日，慈濟第一場發放在仰光北部郊區蓄寶甘舉行。這是賑災團抵達後最早踏勘之處，災民們集中住在南摩耶收容中心，一百公尺長的水泥路上，兩排用竹子搭成的臨時住所，安置兩百多戶、九百六十七位災民，每戶不到半坪空間，相當狹小。

在收容中心，團員們看見一個三歲幼童病懨懨地躺在母親懷抱。四十多歲的瑪塔塔俞（Ma Hta Hta Yi）說，幼子已病了三天，一直拉肚子，政府醫院有醫師來看過，病況才稍微好轉。

李濟瑯問他們飲用什麼水？瑪塔塔俞從背後的籃子取出一支水瓶，她將水倒入鐵碗內時，裏頭居然有黑色的沈澱物，上面浮著兩團像蜘蛛網的雜質。

瑪塔塔俞強調：「這水我有煮過！」賑災團立刻勸告：「這水不能再喝！」並給了她幾瓶礦泉水。

又問她，家裏還有哪些人？瑪塔塔俞回答，她的丈夫到外地打工，每兩、三週才回來一趟，最近一次是風災前曾拿一筆錢回來，但她要養四名子女，已差不多用光了。

李濟瑯想了解她的經濟狀況，細心探問：「你還有多少錢？」瑪塔塔俞困窘地搖搖頭，露出了迷茫的神情；李濟瑯再問一次，這時，她羞赧地低下頭。

李濟瑯關心說：「你身上沒錢，如何養四個孩子？」瑪塔塔俞無奈地表示：「有時吃外界捐的米，有時鄰居會施捨一些飯，沒東西吃時就餓著肚子。」

這讓大家聽了很揪心，立即拿給她食品及生活物資；瑪塔塔俞接過後，露出一絲的微笑。

這只是災區冰山的一角，風災後，很多人沒食物吃，更別提修補破損的房子了。

雖說，緬甸的農舍多用竹片築牆，再鋪以亞答葉做屋頂，經濟好一點的家庭，才以鋅片覆頂；然而這樣脆弱的構造，經不起強風豪雨，大水一來就整片如山倒。

災後，鋅片價格以數倍暴漲，竹編牆一片三十平方公分，要價約臺幣十八元，重建家園非常困難。依政府規定，房屋嚴重毀損戶，可以低於原市價的一成向政府購買鋅片，但每戶限買五片；不足部分，只能用數倍價格去市場購買。

對一無所有的民眾，僅是搭一面竹牆，也是沈重的負擔，根本無力蓋一整間房；買不起鋅片者，就用帆布覆蓋屋頂。六至十月是緬甸的雨季，真不知他們如何在惡劣環境中度過？

考量這裏災民實際需要，慈濟除了發給在地常吃的印度黃豆及食用油，還給予防水夾克、蚊蟲藥膏、蚊香、香皂等；而兩個水桶，其中一個有蓋子，可防止飲用水受到汙染；一支手電筒和電池，讓民眾在夜晚有光源照明。

發放當刻，突然下起雨來，賑災團不忍災民們淋溼，撐起一塊大塑膠布為他們遮雨，卻無視已身已經溼透了！

## 民眾露出久違笑容

五月十七日，第二場發放在仰光東南方的烏東賓村。一大早，賑災團就入駐當地佛寺做準備，林淑華也派來五十名員工，他們很有秩序地列隊入場，舉止行儀十分整齊。

經過第一回的發放配合，當晚又聚會交流，兩方已有不錯的默契。這一群富有愛心的本地志工，辦事效率高，一來到就自動自發排好物資；見地上到處泥濘，又找了一些碎磚塊及泥土鋪設，再用雙腳踩平，方便來領物資的民眾行走。

前一日，賑災團預先踏勘時，見一群民眾在細雨紛飛中，排隊等候領物資，那是本地慈善團體及私人所捐獻，總共二十四包兩公斤重的白米、三根湯匙及三個鐵盤，因數量不足，村長只能用抽籤方式分配。

慈濟致贈給每戶的是二十公斤白米及油、鹽、黃豆等，共發了四百六十六戶，民眾至少兩週不愁沒飯吃。下午的發放，轉至一間印度廟前舉行，有四百四十五人來領取。

豔陽高照下，賑災團擔心太過炎熱，為災民們拉起了帆布遮陽；並一字排開，帶動大家比著「一家人」和「普天三無」的手語，民眾露出了久違的笑容，紛紛比起「心形」的手勢回應。

惦念著前幾日到此訪視時，遇見一位六十五歲的老婦瑪瑪穗（Ma Ma Sui），她在學校外面等待接孫女下課回家。祖孫倆的住處被風災摧毀了，住過收容中心一陣子，後來被村長安置到鄰居的家暫住。

志工們見她年紀大，走路會喘，便用車子載送這對祖孫回家。怎知，一回到她們的舊家，已成了一堆廢墟，放眼望去，周遭房子也一樣殘破不堪，幾無一間完好。瑪瑪穗的兒子在仰光打散工，收入不穩又沒積蓄，想再重建房子，不知等到何時？

發放告一段落後，賑災團不放心這對祖孫，又前往探視，除了給予發放的物資，還多贈送兩件防水夾克，希望她們不致因沒了家而挨餓受寒。

## 體現佛陀慈悲本懷

五月二十二日，第四場發放設在仰光東北方的南德公穗瓦殷佛寺（Shew War Win）。該寺的住持阿德巴法師（Ar Tha Ba）很年輕，才三十六歲，到過印度、斯里蘭卡留學，是一名擁有博士學位的學問僧。對於慈濟親手布施的做法，他甚表認同且全力相助。

阿德巴法師表示，災後，有一些善心人士捐獻白米來佛寺，他們便負起每天供餐的工作。但災民人數實在太多了，每餐要消耗掉三百多公斤米，不久後就難以為繼。

慈濟人走訪了周遭幾戶人家，發覺災民的生活確實窘迫，倒掉的房屋不少，人們只能用殘餘的碎片拼湊暫住；也有人是拿衣服典當，換錢買米吃；更有一戶，米甕中的米快沒了，當晚煮了，下一餐就沒得吃……

在法師的號召下，一些熱心村民協助奔走，挨家挨戶進行造冊。本預定當天要發放三百多戶，不料人數突然暴增，原來是大家口耳相傳，附近村子的人也跑來了，最後增加至一千九百戶。

這樣一來，賑災團準備的白米不足，李文傑趕緊聯絡在仰光的林師權，短短兩小時內調來兩千公噸，當場分裝成每包十公斤。當民眾領到沈甸甸的米時，有人歡喜地笑了，也有人激動落淚，那一袋袋的米抱起來雖然沈重，走回家的心情卻是愉悅的！

阿德巴法師目睹慈濟人的緊急應變能力，稱讚說：「我從沒有見過像這麼大規模的發放，卻可做到如此尊重、莊嚴又祥和，真正是體現了佛陀慈悲為懷的精神啊！」

而林淑華的員工，連續幾天跟著慈濟人在災區訪視和發放，也感受深刻。他們在事前，要幫忙分裝；發放當下，練習比手語、彎腰致贈物資；遇有長輩，幫扛米袋；遇婦孺，幫牽小孩，所展現的完全是標準慈濟志工的模樣。

「明格拉巴！」「皆諸等瑪列！」一聲聲「您好」、「謝謝」的問候語，在發放現場迴蕩著，此刻不論是慈濟人、在地志工或災民們都如此歡喜交融在一起，大家相互疼惜，也互為感恩；及至離別時，又是那樣地難分難捨，因不知是否還有機緣再相逢？

萍水相遇，雖說短暫，但也可能是永恆，只要心中有彼此，那麼就算難以再見，也不會因此消弭於無形！

更何況，有很多當地的志工，後來都變成了慈濟人，他們承擔起在地的志業責任，在此後的各項救濟中，扮演著中堅角色，願意大承擔、有作為、有理想，所以慈濟在緬甸的關懷行動才能走到現在……

## 災後首見豐收

「春種一粒粟，秋收萬顆子，四海無閒田，農夫猶餓死。」這首唐朝詩人李紳所寫的《憫農》詩，具體描繪出豐收的景象，但也反映出農人辛勤勞作的結果，所得仍是兩手空空的悲哀。

這對緬甸農人來說，尤是如此。二〇〇八年的納吉斯風災，宛如一場惡夢，四、五月本是二期稻作的收成期，占全國三分之二產區的南部伊洛瓦底江三角洲卻遭逢大劫難，稻米大量減損，也迫使緬甸政府不得不取消當年六十萬噸的出口計畫。

當時，正逢全世界糧食不足、糧價持續飆漲，這場風災無疑讓全球稻米供應市場更為吃緊；而切身之痛，是日日勞苦的農民，一季的絕收已經很可憐了，還要面臨海水倒灌及土質鹽化的問題。

慈濟於救災時，發現農民們的苦處與無奈，設想若未能在七月底復耕，下一季又將面對無穀可收。於是，七月上旬，選定重災區坤仰公及仰光東南方的礁旦鎮，提供給兩地三十二村的農民，共四百一十六公噸的稻種，估計可讓一萬一千多英畝的土地復耕；七月底又增援肥料，幫助改善土質及增加生產。

時任慈濟宗教處主任的謝景貴表示：「現時國際米價已漲到每公噸一千美元，緬甸是稻米出口大國，若農民無法馬上復耕，不只災後生活困難，也將使得全球糧食危機更加嚴重。」他並傳達證嚴法師的指令：「為搶救世界米倉，只要農民願意種，慈濟就會提供種子。」

## 拯救糧食計畫

七月六日，首場捐贈儀式在坤仰公一個體育場舉行，出席的能源部長倫迪（Lun Thi）捧起一把金黃色稻穀，對民眾信心喊話：「雖然我們遭遇風災，但緬甸今年稻米不會減產！」

在緬甸，有超過六成人口務農，保住米糧不減產，不僅是當務之急，也是災區能否復原的關鍵。而慈濟贈予的稻種，是菲律賓水稻研究所開發的快熟種IR50，可以加速生產日程。

據一位耕種三十多年經驗的農人指出，這種稻種的殼很薄，只要泡一天水，再蓋兩天稻草催芽，即可播種，足足省下一倍時間；而且以往的稻種，要四個半月才能收成，

IR50生長期僅需一百一十天，故只要在八月播下，十一月就能收割，產量也能增加一倍。

「噠、噠、噠……」拖拉機的引擎聲在發放會場響起，農民們顧不得烈日炎炎、穀包沈重，將一袋袋稻種堆放上車，每包重達三十七點五公斤，搬運時不時發出沙沙聲；而臺商們也出動貨車，協助沒有交通工具的村莊運載，有些稻種則送至河邊，再經由水路運往更遠的村子。

連日來的大雨沖刷，農田鹽分漸被沖淡，此時播種正是時候。不過按往例，五月底、六月初就該撒種，好趕上雨季灌溉，到七月才播下，必須加緊作業，方能保住這一季的收成；特別是受災嚴重的海岸地帶，一年只有一穫，成敗就在此一舉！

慈濟人走進彌尼宮村（Myay Ni Gone）家訪，發現一些村民找來竹子、樹枝及茅草搭成臨時住處，「這種屋子不堪一擊，十一月雨季過後，勢必得再整修！」村民說。

這一村距離海岸線不遠，大水來臨時，農田整個淹沒，五十多人因逃生不及而喪命。六十歲的艾濟（Aye Kyi）婆婆，家中就有多人罹難。她忍住悲痛對志工傾訴：「我們家十二口人死了九個，現在只剩下我和兩個兒子……」

外表蒼老瘦弱的她表示，農地復耕也是一大難題，他們家本有兩頭公牛用來耕田，淹死了一頭，另一頭病懨懨地無法下田，她只好跟鄰居合租機器來耕種，又是一筆開銷。

根據緬甸官方統計，風災至少造成十三萬頭水牛覆歿，倖存的不是染病，就是受驚嚇而恍神；勉強下田的，也有不少因過度虛弱而暴斃在田間，農業當局只得緊急從外地調來黃牛應急。

翌日，志工們訪另一村，一位農人興奮地引領大家到他家前院，只見他一個箭步躍過水溝，彎下腰掀開一層層塑膠布，領到稻種後，才悶催了一天，就已冒出嫩芽了！

「還好有慈濟來發放，不然我實在買不起。」農人一手捧起自己存放的稻種，泡過水後，全部發黑、爛掉；另一手捧著慈濟給的稻種，喜孜孜地說：「這一些粒粒飽滿、品質很好，預計再催芽四天，就可下田去播了！」

「三十天後，變成秧苗；一百天後，就能夠收成……」聽著他雀躍地勾勒未來，志工們送上了祝福，但願如他所願，可以預約下一季的豐收。

## 血汗種出生機

七月下旬，包括臺灣、馬來西亞、印尼、泰國及緬甸在地等五國慈濟志工，一連八天對礁旦鎮和坤仰公發放肥料。據了解，硫酸鉀可改善土質，在稻穀開花時施灑，亦能增強果實飽滿度；而尿素用於插秧、種苗、開花時，可催化稻米的生長速度。

適逢雨季，志工們搭乘的船才靠近礁旦鎮瓦帝基村（Ywa Thit Kyi）碼頭，就聽見民眾陣陣的歡呼聲！迎面而來是一條鋪著白色粉末的長道，那是因剛下過雨，地面猶顯溼滑，村民們因此灑下石灰粉，好讓遠來客可安步前行。

一領到肥料後，許多農民迫不及待跑去農田施肥，慈濟人也尾隨前往。在鬆軟泥濘的田埂上，他們赤腳走路，健步如飛；反倒是穿著雨鞋的志工們，寸步難移，時不時還深陷入泥堆中，難以拔脫，得靠村民的幫忙才能脫身。

在田間，偶見幾隻白鷺鷥飛過，一株株新冒出的嫩苗挺立，織就成一張天然綠毯。農人們抓起一把把的肥料往四周潑灑，剎時發出片片雪白亮光，為農村增添不少色彩。

農人烏佐密（U Kyaw Myint）說，農作物施肥，可提高兩至四成的收益，但在緬甸，一袋肥料就需三萬緬幣，許多窮農買不起，得靠賣牛或借貸去購買，利息驚人，往往收成還完債後，已所剩無幾。

再往坤仰公，這裏受海水倒灌影響，農人烏拉密（U La Myint）指稱，災後，他連播兩次稻種，都無法順利發芽；第三次是播慈濟給的種子，一星期後，已長出小秧苗。

這些長成的幼苗，是烏拉密全家人希望之所託；然而昂貴的肥料，卻非他們所能負擔。他沒想到，慈濟又來發放尿素和硫酸鉀，足夠六畝田使用了。「這分恩情我永遠不會忘懷，發給的稻種和肥料有如及時雨，化解了我的憂愁啊！」

十一月，雨季過後，緬甸的稻子也進入了收成期，處處可見農民彎下腰，手持鐮刀的忙碌身影。在一波波稻浪中，那一張張黝黑的面容滑落下無數汗滴，衣服也都溼透了，詮釋的是「一分耕耘、一分收穫」的道理。

再次搭船來到礁旦鎮烏櫻村（U Yin），志工們的雙腳才踏上堤岸，一條「金色大道」就出現在眼前，那是村人用碾米所剩的稻殼鋪成，而當季收成的米，也有部分已透過水路運輸出去交易；動作快一點的農人，甚至又要展開下一輪的綠豆耕作了。

「本來我們十月就要種綠豆，因為天候關係，得拖到十一月下旬；往年都是二月底採收綠豆，下一輪會遲一些。」農婦多田帖（Daw Thein Htay）指著一片已犁好的田地對志工說。

多田帖與丈夫烏奧緬（U Aung Myint）共擁有五十畝田，是經濟條件較好的農戶。但風災時，他們家的屋頂被掀了，田地也整個淹沒，經歷好長一段復原日子。

重啟耕作後，需要稻種和肥料，五十畝田所需，對他們是很龐大的負擔，況且還面臨兒女的教育經費要支應。

「我女兒正在讀物理學碩士，兒子在軍校念醫學系。」多田帖指著牆上貼的女兒穿學士服畢業照，以及兒子著軍裝的帥氣合影，滿是幸福和驕傲。

在這麼偏僻的村落，對外交通全靠水路，他們家竟能同時培養出兩個優秀的高材生，是多麼了不起的事！

「若沒慈濟來援助，我們恐怕得賣掉部分田產了。」多田帖語多慶幸地說。烏奧緬則對這一季的收成，充滿信心：「去年，我們共收成兩千兩百籮，今年預計會增產，雖然還有四畝地沒收割，但總計應可達到兩千五百到兩千六百籮吧！」

聽到農民們迎來了豐收，慈濟人也無比欣喜。不過，也從他們口中得知，緬甸政府為避免災後缺糧，停止稻米的出口，以增加國內存量；加上當年下半年全球經濟蕭條，國際米價亦隨之下跌，種種供過於求的因素，間接壓低了農民那一季的稻穀收購價格。

「穀賤傷農」，對農人的衝擊很大。烏奧緬就說，一籮重達二十三點五公斤的稻穀，前一年收購行情是近三千緬幣（約臺幣八十元）；當年一籮卻只能賣到兩千，整整跌落了三成。

這也使得本該歡慶豐收的農家，出現了煩惱——能不能償還積欠的債務？就連田地較多的烏奧緬，都不敢奢求多賺一些，只求能保本而不必虧錢就行了。

另一農民烏閔壽（U Myint Soe），倒是比較看得開，他家七口人靠耕七畝田過生活。往年每畝田可收五十籮，當年因慈濟給了充足的肥料，可增至六十籮。「稻穀的儲存是一年期限，我會等價格好一點再賣；但若急需用錢，就會先賣掉一些。」

在「時機歹歹」的非常時期，農民們只能縮衣節食、省吃儉用，盼能度過難關。

## 預約下季豐收

在坤仰公，農民們一直和土質鹽害及螃蟹吃稻苗的問題搏鬥，勤奮的他們不肯認輸，努力沃出一畝又一畝的田。當中，艾濟婆婆前後播種三次都不成功，最後只好向別人借來秧苗，約定收成後給對方二十八籮。幸好，最後一次的栽種很順利，結實纍纍。

借錢買稻種或借種來耕作，在緬甸很普遍。借貸的結果，常令農民難以翻身；而今能盼得豐收，不僅償債有望，還可存下來年耕種的本錢，真是喜事一樁。

風災過去半年了，農人們忙碌於農事，而農工也因有事可做，不再失業。

「風災後，我們有一個月是靠救濟過生活，聽到慈濟來發稻種和肥料，我很高興，因為地主復耕，我也有工作做了。」七十四歲的老農工烏謝努（U Sew Nu）帶著四十多歲女兒在田裏幫人割稻，他們左手抓握稻穗、右手迅速割下，動作相當敏捷，腳步移動之間有著一分踏實感。

這對父女以每兩天半割完一畝田的進度，在為生活打拚著。老父親那久經日晒的臉龐，以及長滿厚繭的雙手，寫滿著一股滄桑。他勞碌了大半輩子，多年積蓄購得的六頭牛，被風災奪走了四頭；然而在與慈濟人對話中，聽不出他有任何酸楚，只覺得能復耕、有工作做，就是一種希望。

「收割一畝田，不論多少人工，地主就是給一萬元；插秧則按日計算，每人每天約八百到一千元，若要在一天內插完一畝地，差不多得請九個人。」烏謝努簡明地說。他的女兒則補述：「做三個月的長工，可有十萬元收入，外加每個月三十公斤白米及六千元的伙食費。」

雨季時，播種、插秧；旱季時，收成、割稻子，是農工們一年之中勞力付出最密集的時刻；除此之外的「小月」，就得另謀其他出路。

「喝！喝！」在收割完成的農地上，一位農工驅策著兩頭小牛像推磨般地繞著圈子，牠們的蹄子不停踩踏稻穗，使穀粒與稻稈分離；之後又將稻穀揚拋至半空中，讓風吹走雜質和草屑……這種方法很原始，卻帶著樸實的鄉土味。

## 船行漫漫

驅車往礁旦碼頭的路上，賴星燦手握著方向盤，一副氣定神閒的模樣；同車的還有張濟玄、朱國財等人，他們的目標是為慈濟的稻種和肥料發放做準備，即所謂的「先遣人員」。

賴星燦是緬甸的華人，故鄉在伊洛瓦底省的拉布達鎮，也就是納吉斯風災受創最嚴重的地區，全鎮二十四萬人口中，有八萬多人不幸罹難，有的村甚至整村人都不見了。

賴星燦在拉布達鎮上設有碾米廠、冰廠及雜貨鋪，災後生意一落千丈，掉了近九成，因為很多居民家園毀了，跑到別處投靠親友，也有一些人遠離家鄉，轉赴外地工作。

「我是從電視上看到慈濟來緬甸救災，就跑來報名當志工。」平常住在仰光的賴星燦，本業是米商，加上對地理環境熟悉，所以被委任先遣任務。

張濟玄和朱國財則來自馬來西亞，他們一位是慈濟職工，長期派駐在緬甸承擔賑災團隊的總務；一位是經營窗簾布和地毯的實業家，受到徵召後，就把事業交由家人打理，全心投入賑災。

他們出門多由賴星燦駕車，從仰光出發，約一個小時抵達礁旦碼頭，再兵分兩路，分別搭船到坤仰公及礁旦鎮的各個農村；花在交通上，來回一趟至少五小時，最多要十一個小時，也就是說，幾乎整天都在河上漂流。

## 湖光水色相伴隨

「若非有賴師兄，我們還真是寸步難行啊！」張濟玄說，由於不了解當地環境及風土民情，也不會講緬語，多虧賴星燦和幾位當地志工輪流陪伴兼做翻譯，否則要進行兩鎮共三十二村的先遣準備工作，根本不可能。

除了賴星燦、張濟玄、朱國財三位是固定班底，林彥甫、李名聲、李錦山等人也輪替支援。發放前，他們會先進入村子跟村長溝通，取得發放名冊、安排領取動線、查看稻種或肥料運抵的數量，還要了解是否備有發電機等，工作多且繁瑣。

早上出門前，大家會先泡上香積飯，帶著飲用水及簡單行囊。三十二村中僅四村可陸路抵達，其餘皆要仰賴水路，有時行程緊湊，還得連趕兩村接洽，所以朱國財說：「我常常落了地後，身體還感覺在搖晃！」

因為在船上的時間很長，碰到的狀況也多，兩兩或三人乘船，頂著炙日曝晒或淋成落湯雞是常有的事；尤其那段日子正逢雨季，滂沱大雨一下，坐在沒有船頂的小船上，人人穿起雨衣兼打傘來遮雨蔽寒，站在前方操控的船伕，卻只穿著單薄的上衣、下圍著籠基，而冷到直發抖！

「每天都在渡河，同樣的景物看久了，陌生也會轉為熟悉！」張濟玄不諱言，長達一個月的先遣歲月，多數時間都待在船上，難免感到無聊，因而他總跟身邊的賴星燦說說笑笑，或看著鴨子戲水、岸邊水牛吃草及欣賞沿岸景觀，來找尋樂趣。

朱國財與他們常是不同路線，他比較多愁善感：「每當淋雨時，我內心就有股淒涼感！」他坦承，要來緬甸之前，曾有過一番掙扎，不是因為怕苦，而是掛心才六歲的女兒。

他想著當初徵詢女兒意見時，小小年紀的她居然說：「爸爸，既然師公（證嚴法師）要您去，您就應該要去！這二十多天裏，若我有事就一定會發生，那是命中注定；若我沒事，您卻因為牽掛我而不去，就辜負了師公，也會有遺憾的。」

女兒的這番話，帶給他很大的動力。只是在船上待久了，望著茫茫河水，孤寂感還是經常產生，尤其遇上陰雨連綿的天氣，那感覺又更加強烈。「當時，我唯一的依靠和指引，就是船頭的那面慈濟會旗，看著它迎風搖曳，內心就有一分踏實和溫暖的感覺。」

## 跋山涉水送糧來

事實上，最早先遣人員也曾考慮，是否能幾個村子集合在一處發送？但就在第一階段發放白米時，發現了問題。那是距離仰光一個多小時車程的唐德鎮，他們打算召集幾個村莊一起到市政廳的禮堂領取，沒想到來的村民寥寥可數，這讓他們很詫異：「別的團體只發送一小瓶牛奶罐的米，我們發給每戶是十公斤，為何來領的人那麼少呢？」

為了一探究竟，幾個人就雇了一艘船，深入某一村，結果一去才發覺，沿途要經過十幾個村落，「搭船來回就要五小時，從碼頭走進村裏又要一小時，還需付給船家費用，往返一趟並不便宜，難怪村民們不願意來。」張濟玄說著。

因此，他們還是決定直接把稻種和肥料送到各村莊去。

然而，運送過程也常狀況連連，或遇路斷、橋毀，或是天雨壅塞、進退不得。好不容易載到碼頭，卻連個卸貨的平臺都沒有；只好臨時放幾塊木板，將稻種或肥料從大貨車上卸下，再傳遞搬到船上，一直要等到運抵村莊，查核總數無誤後，才能放下心來。

待發放時，有臺灣、馬來西亞、泰國、菲律賓及緬甸等國志工組成賑災團，車輛及船隻須預先安排；且必須掌控好時間，以免發放拖延太久，潮水一退，船隻就難以返回。

有次，朱國財負責帶隊進去礁旦鎮的某一村落，就因沒算準退潮時間，村長和翻譯也忘了，兩艘船共三十位志工在發放結束回程時，發現河水已大幅消退，僅剩半英呎深，大家只好一起用力推船，大概推了半小時，才將船推入深水中。

還有一次，是村子距離碼頭太遠，他們不想讓大隊人馬奔波，就僅張濟玄、賴星燦及朱國財三人去發放。當他們下了碼頭，走一個半鐘頭到達農村，賴星燦才發現帽子不知何時掉了，等到發放完畢走回碼頭，竟看見那頂帽子被吊掛在河岸邊。

「聽村民講，撿到帽子的那位農夫站在原地等了好久，遲遲不見我們出現，才想到要送來碼頭。」農人的純真善良，讓他們留下了深刻印象。

回程時，又碰到了退潮；但船伕很客氣，堅持要自己推船，不讓他們幫忙，三個人於是沿著河岸邊奔跑邊欣賞沿途風光。

「我吃了那麼多年的米，從沒見過稻子開花變成稻穗是什麼模樣，那一次總算見識到了！」朱國財說，儘管當時跑得很喘很累，卻是大大開了眼界，非常驚喜。

先遣工作有甘有苦，但總歸是不捨這些受災的可憐人繼續受苦。

朱國財說起，他曾在某一村，安排好所有的事前工作後，已過了午時，正準備拿泡好的香積飯出來吃，卻見一大群孩子圍在身旁。當時，他躊躇了好幾秒，儘管自己已餓到飢腸轆轆，仍決定要把手上的那一碗飯，分享給眼前的十幾個孩子。

「我可以想像，自從風災過後，這些孩子應是經常有一餐沒一餐地餓著肚子！」想及此，朱國財就分外難受；又見到幾個孩子把米飯送進嘴裏的那一刻，是那樣的滿足，更讓他感觸：「那一口飯雖然吃不飽，卻可給人很大的慰藉啊！」

＊＊＊

啵、啵、啵……船帆的馬達聲響起，承載著先遣人員航向了遠方，他們走過一村又一村，不厭其煩地解說和溝通，過後又再搭船、下船，循環做著同樣的工作。

在河上，船行而過濺起的浪花，一波又一波，好像也在為他們打開前方的路！

在船上待得愈久，心裏頭似也漸能適應，就像水上人家一樣，轉個念頭想，四周有旖旎風光作伴，是多麼美妙的事，或迎朝日、或覽夕陽，偶爾還可見飛鳥飛過；即使整天曝晒，都快變成人乾了，但能與天地為伍，也是很開懷的。

## 少欲知足的社會

談起對緬甸的第一印象，幾乎所有賑災團員都會說：「這個國家雖然封閉，但人民很純樸、善良、誠實……」

曾被聯合國列為十大經濟落後國家之一，緬甸人民明明很窮，吃、穿、用的都很簡單，卻鮮少聽聞殺人、搶劫、勒索等負面事情，且保有文明社會日漸欠缺的美好特質。

李濟琊說，他看過一篇報導——

「一位記者來到緬甸，訪問在此修行的西方僧人：『如果佛教是積極入世的宗教，為何緬甸這個佛教國家會如此貧窮？』

西方僧人回答：『如果您所謂的貧窮，是指物質、金錢，那的確是。不過，若是心靈方面，我想告訴您，緬甸人的心靈富足，他們的快樂指數，比起許多物質豐沛的西方國家高出很多。』」

僧人的回答，讓李濟琊印象深刻。實際接觸後，他更感覺緬甸人民真不是外界所想像，過得很悲苦；相反的，他們很愛笑、認真又親切，與人交談完，還會補上一句：「皆諸等瑪列（謝謝）！」

## 路不拾遺的幸福

從二〇〇八年五月至十二月，李濟瑯來來去去，在緬甸共待了近四個月。他說，剛踏入時，風災剛過，物價波動很大，由於當地工業不發達，很多民生消費用品都仰賴進口。採買賑災物資，幸得華商的幫忙，減少很多摸索時間；兌換錢幣，也找到了適當的管道。

當時，緬甸人不使用信用卡，旅行支票也不收，因此必須把美金兌換成緬幣才能從事採購。最先，他們與一位可靠的商人進行換幣，來到飯店門口的竟是一輛發財車，錢幣都用白色的米袋捆裝起來，一袋又一袋塞滿了車子，看起來實在壯觀。

「看到那人從車上搬下一袋袋的錢，我們簡直嚇傻了！」李濟瑯說，那時一美元可兌換一千兩百至一千三百元緬幣，數萬美元可換得幾千萬緬幣，最大面額是一千元，因此有好幾大袋。

熱心的飯店服務生想拿推車幫忙推送，他們卻懼怕這來自全球的愛心捐款，萬一不慎弄丟了，那還得了，連忙說：「不用！不用！」那位商人見狀，立刻笑稱：「放心啦！他會安全送到你們房間，不會短少的。」

收到錢幣後，他們又擔心：「這麼多錢擺在房間內，萬一被偷了怎麼辦？」接連兩、三天，輪流派人守夜，深怕有任何閃失。

後來，他們瞧見路旁的露天茶館，人們走進裏面點東西吃，一大疊紙鈔就隨手擱在桌上，一點都不在意有人會拿走。「這裏堪稱是世界上最誠實的國家，我好像進入了〈桃花源記〉所形容的世界。」李濟瑯讚道。

長期留在緬甸的張濟玄也打趣說：「有人跟我開過玩笑，就算提著一大袋鈔票走在路上，不小心掉了，後面撿到的人還會追著跑來還給你呢；晚上一個人走在路上，也不用害怕，這裏的治安真的很好，沒人會做出危害你的事。」

大家也有了共同推論——緬甸是一個佛教意識很強的國家，不僅單純地不偷不搶，而且有一個「戒」在心中。「人人都深信因果，『五戒』是他們心中那條不可逾越的線，並在生活中力行，應該沒有幾個國家可以做到如此！」李濟瑯肯定地說。

掌管財務和採購的李文傑，也持相同的看法。他在馬來西亞做過雜貨買賣，二〇〇四年參與斯里蘭卡海嘯賑災時，專責採購任務；當年買米需向鄰國的巴基斯坦接洽，他曾經受騙跑到很遠的地方，卻撲了個空，沒有拿到米。

那次經驗，帶給他極大的陰影，初到緬甸，非常小心謹慎。去批發市場時，白米、食用油、日用品等價錢，他都問得鉅細靡遺；賑災需用的租車和油料問題，也一概了解得很詳細。

李文傑說，採買物資時，他身上不會帶太多錢，通常只先付訂金。那裏很多做生意的華人，都有親友在臺灣工作或讀書，或是從衛星收看過大愛電視臺節目，很信任「慈濟」，口頭說了就算數。

他最早是把美金寄放在林淑華的公司，要購買物資前，才通知銀行的人把兌換的緬幣送到辦公室，他再去跟他們核算。

後來，向政府購買肥料，他直接帶著一車的錢去農業部的銀行付款，一疊鈔票是一萬緬幣，大約八美元；行員一疊接一疊放入數鈔機中，讓它快速跑動，機器不停運轉，只靠著一臺大電風扇幫助散熱。

「我想，那幾部數鈔機應是全世界最好的吧，跑那麼久，都不會燒壞！」李文傑嘖嘖稱奇道。

## 單純知足愛分享

走進災區發放白米，團員們也領受到人心的單純。李濟瑯不記得是到坤仰公的哪一村，搭車又換乘小船，再走一段好長的斜坡路，來回一趟六個小時；當時他們想，日後可能難有機會再來，於是決定每戶多少人，就給多少包九公斤的米。

一位婦人家裏有十口人，她一股腦兒扛了十包米在肩上；三個小時發放結束，團員們進行家訪，不預期地來到那位婦人家中，竟發現只剩下一包米。

大家以為她把九包米賣掉了，進一步詢問才知，很多人不曉得要到政府辦理登記，因而沒被列入名單；這位婦人扛米回家時，沿途就分送給鄰人了。

「再怎麼慷慨的人，也總該為自己留下三包吧！你為何只留了一包，全家十口人三天就吃完了，接下來要吃什麼？」

「不要緊，沒米吃時，鄰居會分享給我們，整村人都是這樣做啊！」婦人的回答很理所當然。

李濟瑯有感而言：「這種守望相助的風氣，在馬來西亞大概只有四、五〇年代才看得見，緬甸竟能保有這樣的古風，真是不容易！」

來自馬來西亞的人醫會醫師何國全，在坤仰公義診時，也跟隨農民走回家，才發現農村裏沒有電。

「晚上沒燈光，你們都做些什麼？」

「白天有陽光，就盡力去工作；天黑了，就該回家休息，與家人在一起啊！」對農人來說，日出而作、日落而息，再自然不過了；「究竟是自己太複雜，還是別人太單純？」這個問題，何國全自己都弄不明白。

「太多文明的產物，只會讓我們更加忙碌，落入無關緊要的雜事堆中，當然就看不清生命的本質，也降低了人與人之間寶貴的交流。」李濟瑯心有所悟地說。

他曾看過大馬的一個旅遊節目，主持人找來兩位旅行專家，請他們評鑑東南亞十幾個國家，哪一國是最佳的旅遊地？結果，兩人都不約而同選了「緬甸」。

其中一位說，他到過緬甸的鄉下，想找一間佛寺，但走著走著就迷路了！問了路邊的一位農民，居然整村人都跑過來幫忙，還專程把他送到想去的地方。

就是因這一分單純、沒汙染，又富有人情味的心念，才使得很多與這塊土地有過接觸的人，都留下了美好印象。

不知情的人，或許會以為在軍政府統治下，緬甸人民很窮，想必都苦著一張臉過日子。但深入觀察，就會發覺他們詮釋著一種美——簡單，可以很快樂；知足，就可達到心靈的富有。

## 八二〇室

稻種和肥料發放告一段落後，馬來西亞慈濟志工對緬甸展開長期扶困計畫，深入農村訪查及進行慈善醫療個案的關懷，再擴及對學童發放文具。這一系列的活動，是以柔情的女性為主，帶領緬甸志工一起學習成長，傳授訪視撫慰的技巧。

二〇〇八年九月，大馬志工在翁山市場斜對面的商貿旅館（Traders Hotel），租下了房號「八二〇」作為據點，這裏位居仰光精華地段，購物方便，又靠近華人區，對當地志工而言，交通很方便。

八二〇室有三十坪大，兩房一廳一廚兩衛浴，空間還算寬敞；但十幾位輪番留守的大馬志工擠住一起，一待就是三年，可就不那麼享受。

白天，他們在這兒開會、舉辦讀書會、進行個案研討；夜晚，兩房床鋪上下及客廳地板全睡了人；剩下的空間，又堆放要給照顧戶的白米，以及贈送學童的文具用品。既是辦公室、共修處，又兼住所，還有倉儲功能。

陳慈禘說：「好像一間雜貨店，轉身觸摸所及全是物品，碰到文具發放的前幾日，更是堆滿了整個屋子！」

## 不讓鬚眉七仙女

人稱「葉師姑」的葉淑美，是第一位把慈濟從臺灣帶到馬來西亞發展的慈濟委員，派駐緬甸的關懷也以她居首；其他長期留駐的六位女眾，包含廖慈斐、陳慈禘、劉慈菪、劉慈果、楊慈祺、黃慈莒等人，全部未婚，年齡從四十多歲到七十出頭，少了家累，又無經濟壓力，可以全心投入，因此被暱稱為「七仙女」。

在馬來西亞分會擔任社工的廖慈斐，跑學校和農村總是一馬當先。她個頭嬌小，行動力敏捷，遇到天雨路滑時，穿著雨鞋總踩不穩，經常滑倒，雙腳也常深陷爛泥裏，難以自拔。

即使如此，她仍不怕苦，屢次摔倒、屢次爬起，訓練到後來竟然能用跑步行進。「農民們都能赤腳在泥路上走，看到他們健步如飛，我也應該學會。」

常跑農村和鄉下，讓這群女人發現到一些孩子的作業簿寫了，塗掉後又再寫，重複利用好多次。慈濟人才興起贈送學童文具用品的念頭，且從零星的幾校開始發放，到大規模一校接一校地進行。

事後家訪時，她們看到有的孩子拿到文具後，竟捨不得用，像「寶」一樣供奉在佛龕上。農村的惜物勤儉，也在生活中觸目可及。廖慈斐發覺，他們的水壺生鏽了，還在用；雨傘壞了，也連修好幾次；這促使她反思並學習，傘架開花折斷了，也找人修過好多次。

「一次修理費是一千緬幣（約臺幣二十元），如果在馬來西亞，我早就扔掉了！」廖慈斐說，緬甸的工匠，手藝真是好，傘的骨架都打斷了，照樣能修復；後來，她連手提包的拉鍊壞了，也拿去修理，修過以後即完好如初。

劉慈菩和劉慈果兩姊妹在馬來西亞開設佛教藝品店，為了長期滯留緬甸，暫停營業。劉慈菩較早抵達，她一來就碰上慈濟援建的頂甘鐘第四中學動土典禮，很多當地志工都來參與，讓她意識到培訓本土志工刻不容緩。

她找在緬文補習班擔任老師的齊春英負責召集，廣邀大眾來參加；齊春英怕招不到人，劉慈菩就鼓勵她：「即便只有你一人，也沒關係！」在齊春英賣力邀約下，第一次就來了十幾位，讀書會也順利展開。之後，又一個拉一個，愈聚愈多人。

為了豐富讀書會的內容，劉慈菩常犧牲睡眠時間，把白天關懷個案的資料做成簡報檔。原先不懂電腦輸入的她，經幾位年輕人教導，從生手變成了熟手。

她把每一戶個案的故事，都搭配一段證嚴法師的開示。為此，她翻遍了好幾本法師的著作，一找到合適的字句，就立刻請中緬文皆通曉的當地志工蘇金國和曹盈盈幫忙譯成緬文。

「生氣是拿別人的過錯來懲罰自己！」緬甸本土志工丁瑪特（Tin Mar Htet）回饋說，這句「靜思語」讓她很受用，以前她對於別人講她的是非，非常在意，怨恨可以深埋在心底二十多年，無形中懲罰了自己而不自知；當讀到這一句話，她心開意解了：「原諒別人就是善待自己啊！」

## 天廚妙味暖腸胃

劉慈果的專長是烹飪，她一到，大家就有口福了，因為先前，總是香積飯和香積麵輪流吃，頂多再配點從大馬帶來的素鬆、海帶、醃製的橄欖菜等，滋潤一下味蕾。

為了讓每天出門關懷別人的志工們，也能顧好自己的胃，劉慈果常會搭公車到華人區去採購新鮮食材，如豆乾、玉米、青菜等；也從大馬帶來咖哩包，不論煎、煮、炒、燉都派得上用場，她的好手藝加上電磁爐和電子鍋，就能做出一道道美味又可口的素食。

「就算一下子來二、三十位志工，我也應付得來。」劉慈果很自豪地說，煮一次不夠，多煮幾次就有了；再不夠，還有當地志工林善玉和黃秋萍會從家裏煮幾道菜過來，讓大家一起享用。

若是劉慈果回去馬來西亞，就換成廖慈斐來煮，她雖曾開過餐館卻不擅廚藝，但還是硬著頭皮上陣；而陳慈禘也會幫忙，她戲謔地說：「煮東西時，最怕香噴噴的味道飄到外頭，我都會找來布條塞門縫。」

廖慈斐對環境的適應力很強，一兩次由當地志工陪同到市場採買過後，她就自己能認路前往，還學會了幾句簡單的緬語與人對話交談。

她備有一本簿子，裏頭記下一些日常的中緬語對照，用英文和馬來文拼音做註釋，強迫自己記憶。如此，她不僅可說出簡單的緬語，當有關懷的個案打電話來，她就能記錄是誰打來的，之後再由當地志工回撥。

在異國生活久了，這些女性都鍛練出一身的好本領。為了營造像家的感覺，她們每次出完任務回來，總會相互交流、交換意見；葉淑美還開闢了「晨間心語」，在每天出門前，把前一日訪視個案的感想做分享，並抓出其中的脈絡和重點，所引述的深意，往往很發人省思。

到了夜晚、就寢時刻，又是另番不同的風景。幾個年輕人如李凱政、林子靈、藍錦菲等都搶著當「廳長」，他們很懂得敬老尊賢，把兩個房間留給「師姑們」睡，而各自拿著枕頭及睡袋跑去客廳，選好地盤後就此安眠。

李凱政是馬來西亞分會的職工，被派去緬甸處理行政事務；林子靈是建築系畢業的慈青學長，負責三所希望工程學校營造期間的監工；藍錦菲則是影視同仁，專責拍攝記錄個案和志工們活動的點點滴滴，這三位年輕人都很有衝勁，也很享受被照顧的感覺。

## 拓荒者精進勇猛

當時，六十八歲的葉淑美，患有類風溼關節炎，經年受關節僵硬腫痛所苦，早上起床都要先做柔軟操才能打開房門，可做起事來依然奮力和認真，一如二十多年前，她把慈濟帶去大馬發展的精神，是那樣地精進勇猛！

緬甸志工曹盈盈便說：「葉師姑帶我們去做訪視，是每天從早到晚都沒有休息。一上車，她就先介紹個案背景；到了案家，又要我不斷為她翻譯做溝通，她把很多細節都問得很清楚；回程時，仍是不停分享如何評估及做後續的處理，巴不得把所有的訪視技能都教給我們，讓我們馬上學會。」

李金蘭也表示：「跟著葉師姑能挖到很多『寶』，她不僅是言教影響了我們，身教也深深令人折服！」

李金蘭以她跟隨探訪一位助學孩子的經歷為例，那位小男孩的父親手臂受傷暫時無法工作，他差點就輟學去市區當小雇工；葉淑美得知後，立刻拉著她趕去男孩家裏，表明要補助他們生活費和醫療費，還要負擔男孩的學費。

「那種不顧一切，馬上辦的精神，我是見識到了！」李金蘭說，也不只是葉淑美，其他的大馬志工在陪伴過程，都付出了全部的精力和耐力，走田埂路，要忍受漫天沙塵；跨竹橋，破碎又危險；渡河流，要搶在退潮之前，趕快把事情做完……

## 千鈞一髮屢犯難

然而，帶著初發心來到異國，大馬志工不解緬甸的國情，也難懂複雜的政治形勢，故有時會觸犯了禁忌，卻不自知；結果，是一次又一次落入危險境地，所幸都有貴人適時搭救，而能化險為夷！

緬甸在一九四七年自英國獨立前一年，曾經歷過一次流血大政變，領導獨立運動的翁山將軍被政敵所殺害；一九八八年八月八日，仰光街頭又發生大暴動，很多民眾和大學生遭到屠殺，史稱「八八八八」事件，自此軍政府對於外國人充滿警戒，動輒得咎。

有一次，慈濟在妙禱（Myodaw）醫院舉辦義診，廖慈斐瞥見一個男孩臉色蒼白，便與一群緬甸志工護送他回家。抵達了馬揚貢（Mayangone）的一個偏村，就聽到一陣廣播聲，旋即有兩名男子騎著摩托車來到，態度不甚友善，要她進去一間辦公室。

「你是外國人，不能隨便進到村子。」廖慈斐透過翻譯，知道事情不妙，立刻打電話向當地華人林銘慶求救，因為他與許多政府高官關係良好；隨後，她也打給駐守在八二〇室的葉淑美，沒想到兩邊都接不通。

過了不久，又來了兩個驃悍的男人，厲聲問她：「你從哪裏來的？」她回答：「慈濟！」不意對方卻聽成了「蘇姬」，當時「翁山蘇姬」這個名字可是很敏感，廖慈斐毫無警覺，頻頻被催促進去辦公室。

當地志工之前就曾耳提面命，若觸犯了政治顛亂或散布謠言，會遭到拘禁。廖慈斐突然想起了這事，開始有點危機意識，藉故一直拖延時間，等待救援。

所幸，終於聯絡上了葉淑美，一會兒林銘慶也回電了，她把手機轉交給對方，經過一番交談，誤會終於釋解，對方馬上轉變了態度。

廖慈斐微笑地問著：「我可以幫助你們的村民了嗎？」

那一群人連忙說：「好！好！」

## 上警局有驚無險

另有一次，是劉慈果與七、八位志工去萊達雅（Hlaing）地區，欲贈送白米給一對孤苦無依的老夫婦。才抵達村子，緬甸志工王夢蘭下車問路，其他人也跟著下車，這時突有人上前攔住他們，喝問：「你們從哪裏來的？頭頭是誰？」

王夢蘭一看不對勁，回過頭對劉慈果打暗號；劉慈果馬上領會，快速將胸前的相機塞進包包，並對著拿攝影機的藍錦菲使了一個眼色。

不久，又有兩位便衣警察獲報趕到，詰問：「你們找這對老夫妻做什麼？」緬甸志工曹盈盈回答：「他們年紀大了，不能工作，我們送米過來給他們吃。」她還強調：「我們只是純粹送米而已！」兩位警察不理會，要全部志工都上車，迫於情勢，大家不得不從。

上車後，曹盈盈試著打手機跟外界聯繫，首先打給林銘慶，無奈他去了新加坡接不上線；接著，手機訊號變得很微弱，好不容易出現一兩格，劉慈果趕緊打回八二〇室，用廣東話說了一句：「阿姊，闖禍了！」就又斷訊了。

來到警察局，在地志工都了解事態的嚴重性，顯得心慌不已；劉慈果雖然也惶恐，卻故作鎮定地安慰眾人：「放心吧，沒事的！」

一陣問話後，幾位志工還被帶去拍照，像犯人一樣各個角度都拍。曹盈盈乘隙撥打電話給劉慈著，她早在前一刻接到妹妹的電話，知道發生事情，已設法聯絡上林銘慶；林銘慶在電話中，一再安慰她：「免驚！免驚！」並承諾盡快處理。

果然，沒幾分鐘後，警察局的電話就響了，林銘慶打過電話給當時的仰光市長，告知事情原委，市長立即下令放人。

此時，警察局長好像換了一張臉，很和善地說：「下次來，請你們一定要按照程序申請，不然也可以把東西交給我們，由我們幫忙發放。」

劉慈果事後才知道，那天正好是「八八八八事件」的二十一周年日，萊達雅區就是當時事發地之一，難怪警察局長會一再問她：「你知道今天是什麼日子嗎？」

其實，就連緬甸志工也不甚清楚，當天是禁止外國人到處亂跑的，因為軍政府擔心有人會藉故滋事，刻意製造動亂觸發人民反叛。

因此，劉慈果又不免聯想，當初緬甸志工來參加活動，慈濟人請他們填寫資料、留下聯絡方式時，很多人當場拒絕，原來是有這一層顧慮，也有人從此不敢再來了；因軍政府曾經規定，禁止五人以上的集會，當地志工害怕他們一旦身分曝光，被查到時恐會麻煩不斷。

當時緬甸志工非常敏感，有人是連看到月亮和星星靠得很近，隔天就不敢出門了，正因「八八八八事件」發生的前一晚，就出現過此天象異端，難免教他們心驚膽寒。

儘管自二〇一一年起，緬甸結束了軍人執政，改換文人治理，開始推動一連串的政治和經濟改革，並舉辦民主選舉；但時過境遷，大家再想起這些事，雖是有驚無險，仍感覺有點後怕！

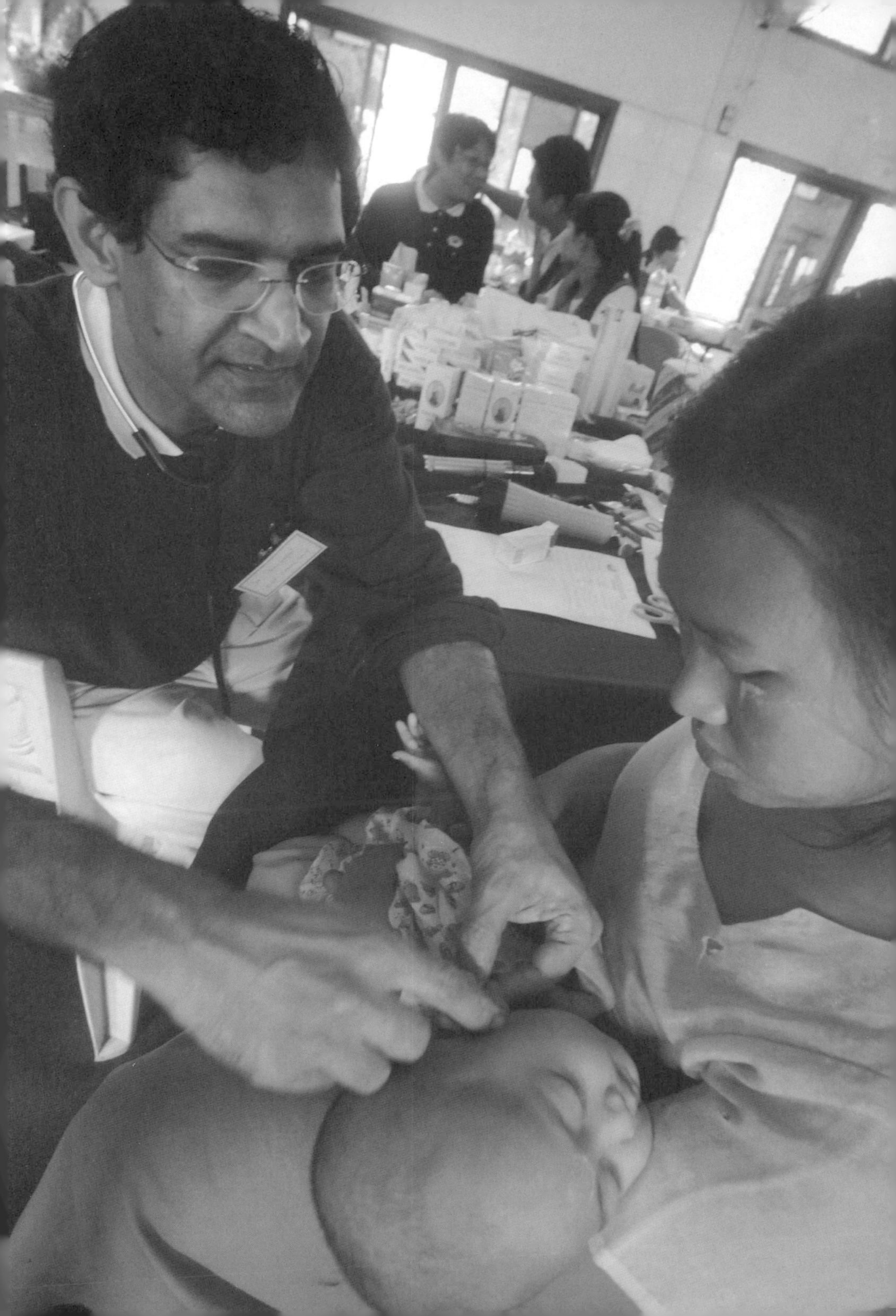

# 輯二

# 但願眾生離病苦

## 有緣遇見就要救

納吉斯風災洗劫的不僅是人民的生命財產，也將傷痕重重地烙印在人們心底，有形的「身傷」和無形的「心傷」加在一塊，處境更是艱難。

慈濟賑災團在災後一個多月，終於獲得社會福利部發予准證，參與災後重建，緬甸政府提出考慕鎮和唐德鎮兩地，作為慈濟援助重點。

六月十五日起，第二梯次賑災團兵分兩路，分別考察考慕鎮的兩個重災區敘穗村（Sat Swe）和德古檳村（Tha Khut Pin）及唐德鎮的受災學校與發放義診地點，並評估大愛屋的援建。

來到考募鎮敘穗村，村長得悉有外國團隊進村，便領著慈濟人去探視一位八十多歲的老伯，他自災後一直臥病在床。大馬賴濟嶸醫師探問後，發覺老伯是因受災惶恐不安，導致消化不良引起腹部疼痛；他指導老伯做一些簡單運動，並勸他要放寬心情、開懷大笑，病況自能好轉。

一路探訪下來，無論是長期病痛或是災後遭傷，義診對民眾的重要性，顯而易見。

## 因陋就簡 展開義診

六月下旬，第三梯次出發的賑災團，加入六位馬來西亞人醫會成員，由賴濟嶸擔任協調，結合緬甸醫護，在唐德鎮安老院和巴塔泰寺院（Pyat Ta Taik）兩地看診。

由當地志工引領，賴濟嶸和藥師陳錦麟各背著一大袋緬幣，上街採購藥品，主要是感冒藥、胃藥、止痛藥、抗生素、驅蟲藥及抑制高血壓、糖尿病等常備藥。

義診搭配大米發放同步展開，場地缺乏隱蔽，賴濟嶸找來塑膠水管作骨架，再穿上布條圍出看診區，一切因陋就簡。五天下來，總共服務兩千八百一十八人次。

吉隆坡林連水醫師曾因錯過斯里蘭卡義診而抱憾，這次緬甸風災，說什麼也要來盡一分心。他除了專注為民眾看病，也不吝惜傳授經驗給協助翻譯的當地醫學生。

一位四十歲的高齡產婦，懷孕已九個月，由先生陪同看診。她懷第一胎時不幸流產，這是第二胎，雪隆分會陳劍虹醫師檢查發現她的血壓非常高且全身水腫，囑咐要控制好血壓，否則生產時極可能出現抽搐，母嬰皆有生命危險。

志工招呼婦人用過餐，準備送她去醫院進一步診治，陳劍虹不放心，決定親自護送。

馬六甲分會張文富醫師碰到一位三十多歲的癌末病患，癌細胞已擴散到大腦和全身。

當她問：「醫師，我還有機會活嗎？」張文富不忍說出實話，只能開一些止痛藥及安眠藥，減輕她的痛苦。

「每一個人免不了生、老、病、死，但慈悲心永遠不要消失。」張文富與她分享證嚴法師的開示，希望幫助她自在地面對生死。張文富心底一直覺得，這些鄉親就像是他累生累世的父母及兄弟姊妹，「因緣匯聚，我們相遇了；他們的遭遇，不再與我無關。」

林連水把往診的卡車當成活動診間，隨處走隨處看，不論是去病患家中或在路上被攔下，他都耐心傾聽細看；看診完離去前，他帶動村民一同比「一家人」手語歌，現場洋溢著歡樂笑聲。

在地醫師丁瑪特，先前就參與第一團賑災發放，這回有機會奉獻醫療專業，為受災鄉親看診，她興奮得徹夜難眠！一整天看診下來，她看了八十位病人，與平日在診所的看診人數相近。但她說：「免費的義診要比收費看診有意義多了！」

## 經驗判斷 製「救命水」

首回義診反應熱烈，七月初第四梯次賑災團，又有大批臺灣和大馬人醫團隊加入，這次配合坤仰公的稻種發放，在德敏格勇寺（Dhami Kayon）進行一連四天的義診服務。

時任臺中慈院院長許文林表示，災區義診靠的是長年累積的醫療經驗、胸前的聽診器和腦袋瓜裏的醫學知識；除此之外，還有一個妙方——人文關懷。

一位婆婆突然休克，因血壓過低、腹部凸起，許文林初步判斷是腸子吸收不良引起。但是否是癌症或其他病因？在沒有任何檢查設備與器材的義診現場，必須馬上做出判斷。

許文林用維他命加水再混合糖漿與一點鹽巴，調劑成一杯具有電解質的「救命水」讓她喝下；再請旁人搧動紙板，用最原始的方法輸送氧氣……婆婆終於甦醒了！

臺北慈院院長趙有誠遇到的第一位病人，是名三十歲女子，心跳快到每分鐘九十八下。他起先懷疑是甲狀腺出問題，隨後，接連幾位病人心臟都「一百起跳」，且不約而同感慨風災過後，睡不著、沒食欲、全身痠痛、凡事提不起勁……這才明白是居民尚未完全脫離災難陰影。

一位受腰痠背痛所苦的婦人，趙有誠細問得知，她因大水沖擊時，用雙手托住孩子往上舉起，在水中硬撐八、九個小時，等到大水退了，才累得不支倒地！

另一位婦女從鄉下搭船，帶著腳燙傷的兒子前來，傷口雖已癒合，但村人謠傳疤痕會往上延伸，她信以為真，很是驚慌！

趙有誠檢查後，認為傷勢無礙，腳部神經未受損、關節活動很柔軟，媽媽這才放下心。看著孩子腳上有多處蚊蟲叮咬的痕跡，他便拿出一頂蚊帳送給他們，媽媽接過後旋即跪了下去，不停地磕頭道謝。

趙有誠嚇了一跳，趕緊一個箭步搶上前去，扶她起身。

民眾的弱勢，對疾病的錯誤觀念，讓醫團隊感受甚深。在緬甸，因是公醫制度，看病不用錢，但得支付藥費或高昂手術費，窮人根本負擔不起；人醫團隊在義診現場，只要是能根治的案例，一律非得救到底不可！

九歲的小男孩新哥鄔（Zin Ko Oo），由父親陪伴就診，他因尿道下裂，小便會漏尿。父親曾帶他求醫，但一聽到彷如天文數字的手術費三十萬緬幣（近三百元美金），只能望而卻步。

趙有誠確認他是先天性下裂，手術縫合並不困難，義診團隊中也有外科醫師，只是缺乏手術設備，無法立即動刀。他安慰父親：「等孩子長大後，再動手術也不遲！」

父子倆將離開之際，新哥鄔突然回過頭來，對著趙有誠靦腆微笑，揮動小手說：「答答（再見）！」那一刻，趙有誠的心被深深觸動，想到小男孩因家貧無法動手術，必須蹲著如廁，對未來的成長及心理發展勢必造成影響……想著想著，不禁難過了起來。

趙有誠與賴濟嶸商量後，經多方聯繫，隔天就將新哥鄔送去仰光兒童醫院，住院接受手術治療，由慈濟支付所有醫療費用。「手術後會有一點點疼痛，但很快就會過去！」離開緬甸前，趙有誠特地到醫院探望，鼓勵小男孩要勇敢撐過去。

## 不肯轉診 盡力挽救

在義診現場有太多插曲，是醫療團隊所料想不到。花蓮慈院陳寶珠醫師與檳城的伍寶燕醫師，兩人專長都是婦產科，但到了緬甸鄉下就發現，懷孕的婦女普遍都由助產士接生。

因此有孕婦來看診，她們都先問：「你要在家裏或到醫院生產？」若是在家中就贈予助產包，裏面裝有手套、鋪單、綁臍帶夾及嬰兒包巾等。

檳城李荷琴醫師專長為腫瘤科，她發現在唐德鎮的荒郊僻野，居民多以鹽巴拌飯吃，就診民眾有七成出現貧血、營養不良等症狀。

有位婦人一到現場就虛弱倒地，臉色、手心慘白，原來她已吐血好幾個月。李荷琴告訴家屬，婦人必須馬上住院輸血，否則會有生命危險，家屬卻堅持不肯。

在施行基本治療後，李荷琴送走了病人，卻感到相當挫折。「當初領到醫師執照時，我為自己能救人而自豪；誰料到今天居然遇到『見死不能救』的情況？這是我從醫以來，最感無能為力的時刻。」

而這樣的病人，還不只一位。李荷琴腦海中圍繞著一個個問號：面對貧病的民眾，究竟要開幾個月的藥才夠？當醫療團離開後，他們的病該怎麼辦？

當再度面對不讓病人住院的家屬時，李荷琴再也忍不住板起臉孔嚴肅地說：「你若不讓先生住院治療肺結核，他恐怕性命不保，到時誰來照顧一家大小？」確認住院和治療不必花錢，一旁的緬甸志工也表示會提供生活費，婦人才點頭答應。

窮人家命薄，在緬甸處處可見，無解又無奈的人生，人醫們時而心痛、時而感嘆，但總是盡最大努力去挽救。

許文林遇到十二歲的女孩戴維妮（Thet Wei Hnin）獨自來看感冒，詢問她家受災情況，女孩回答：「媽媽已經改嫁，很久沒有回來了！」他與一群志工便隨戴維妮走回甘貝村（Kan Be），來到一間一覽無遺的茅草屋，三面牆不見了，只用幾塊塑膠布遮掩，這就是戴維妮與妹妹康金達（Khine Zin Thet）所住的房子。

兩姊妹孤苦相依，鄰居的婆婆、阿姨可憐她們，有時會找戴維妮做點小事，然後給她錢買吃的，或送一罐米，或給幾根香蕉；戴維妮與妹妹肚子餓了，就隨手抓把米，用雨水下鍋煮飯。屋頂破洞處處，上面鋪的亞答葉七零八落，志工問：「下雨了，你們怎麼辦？」戴維妮指著較密實的一處牆角說：「那個角落可以躲雨，我和妹妹蹲抱在一起，等待雨停！」

志工們翌日送去了兩包白米及蚊帳等生活物資，問兩姊妹最喜歡哪一樣？兩人竟同時指著手電筒說：「夜晚尿急時，到田邊去上廁所就可照明了！」

其後，志工又購置亞答葉為她們翻修房屋，也分送給附近鄰居以為睦鄰；九天之內，就往返六次之多，間接帶動起鄰人關心這對姊妹。他們每次前往，都會發覺破房裏多了一些東西，全都是鄰居的愛心；快開學時，又送去文具、新制服，讓兩姊妹好開心。

人醫團隊先行，志工繼而接棒付出，醫療結合慈善，讓關懷更圓滿。

## 光明行動 造福無數

一直到今日，慈濟人醫會在緬甸的義診行動仍持續著。

急難救助過後，二〇〇九年初，來自臺灣、馬來西亞、菲律賓、泰國及緬甸等五國的志工及醫療團隊，在仰光市郊的妙禱醫院舉辦眼科、心臟科、肝膽腸胃科及一般科義診，臺灣團由醫療志業執行長林俊龍帶隊，菲律賓團則由時任菲律賓分會執行長李偉嵩及眼科召集人史美勝醫師領軍。

為了幫民眾動白內障手術，菲律賓團隊空運了整套眼科設備到緬甸，仰光市長奧特林（Aung Thein Lin）也帶著正讀醫學系、專攻眼科的兒子到現場學習，總共造福了一百六十六位白內障患者，包含其他科病人，服務了一千七百三十三人次。

此後，眼科義診便延續下來，由妙禱醫院院長烏奈林（U Nay Lin）所主持。

二○一二年與中國大陸「中國光明行」慈善團體合作，從廣東深圳領隊而來的姚曉明副教授，對證嚴法師極為崇敬，他知道慈濟在大陸做了很多好事，幫助過很多人。

二○一五年，妙禱醫院又與臺北慈院簽訂合作計畫，眼科主任徐維成帶團前往。現今，白內障手術仍定期每三個月舉行一次，只是義診地點已移至烏奈林所開的醫院。

位於南德公區的央達納（Yadana）醫院，設置有眼科、婦產科、小兒科、骨科及一般科等。二○一六年九月起，開始與慈濟合作白內障義診，一次手術下來，總有一百五十至兩百人受惠，民眾口耳相傳下，病人來源從仰光市，擴及萊古（Hlegu）、岱枝、莫比等鎮，甚至遠及實皆省的蒙育瓦（Monywa）。開刀前一天，要先到院檢查，遠道而來的病人會在寺院投宿一晚，等待次日進行手術。

本身是眼科醫師的烏奈林院長談到，來接受白內障手術者，多數是窮人和農人，那是因到政府醫院雖僅需花費四、五萬緬幣，但要排很久才能輪到；而去私人醫院要花二、三十萬緬幣，窮人難以負擔。

「若非有慈濟及林銘慶的堅持，這項義診不可能持續那麼久！」烏奈林指稱，幫一個病患開刀，讓他大放光明，等於是救了一整個家庭，因為他可能就是經濟主力；也有陪同長輩來動刀的家屬說，年老的父母看不見，他們出門工作也不放心，或需有人留在家中照顧，這樣就會減少就業人力。

林銘慶與郭濟緣、陳國樑等幾位慈濟人，多年來默默出資護持這項光明行動，人醫團隊還兼做衛教宣導，要大家保護好眼睛。

烏奈林表示，即使不是義診日，病人來到醫院動白內障手術，他也一概不收費；而且每個月還自掏腰包一百一十萬緬幣，支付醫院營運。他覺得人生的價值，不為賺多少錢，而是要讓更多人離苦得樂。

人醫們抱持相同的理念，解救病苦，讓更多人脫離痛苦深淵、恢復健康，就是最大的成就與滿足。

## 傷痕是美麗烙印

殘破的臉，足以打擊人的自信，撕心裂解的痛，足以教人放棄！外表的美醜有時會影響交際，也關乎外人看待自己的眼光，對成長中的孩子更是如此，那深重的傷疤烙印在顯處，這道關坎該如何度過？

### 密威喬 用付出回報愛

二〇〇八年七月，風災甫過，慈濟在坤仰公舉辦義診，轉送病患去醫院治療，不意發現一位上半身和頭部嚴重燒傷的小男孩，臉部幾乎難辨五官，令人見了心疼不已！

小男孩名叫密威喬（Myo Wai Kyaw），當時十三歲，他因夜晚點著煤油燈讀書，起身時不慎撞倒燈油，瞬間淋灌起火燃燒，造成三度灼傷。

鄉下醫療水準落後，父母雖將他緊急送醫，醫院卻沒做太多處置，就再轉送仰光的大醫院。慈濟人見到密威喬時，他臉部一片焦黑，燒傷處的肌膚正在潰爛，有生命的危險。

醫師緊急為他動了手術，術後志工們前往探視，媽媽表情非常凝重、爸爸也愁眉不展，自兒子燒傷後，他們就一直守護著。

媽媽桑桑鄔（San San Oo）提起，當初他們用小卡車載送孩子到坤仰公醫院，一路顛簸搖晃，他痛到大聲哀叫，「那時，他眼睛燒得睜不開，我很擔心會沒命，很絕望！看著他因痛不停在發抖，我只好從路旁摘來香蕉葉蓋住他全身，給他一點點溫暖。」

為了減輕這家人的負擔，慈濟支付所有住院和手術費用，密威喬做了清創手術，清掉壞死的腐皮避免感染，燒焦的肌膚漸活化，父母憂慮的心才漸放寬，展露出笑容。

大馬志工葉淑美、林慈堯等人接續關懷，緬甸志工貼心帶了書本給密威喬打發時間，讓他轉移注意力、減輕疼痛；也帶去有證嚴法師法相的佛珠，祝願他早日康復。

林慈堯偷偷問桑桑鄔：「孩子拿鏡子看過自己的樣貌嗎？」桑桑鄔小聲回答：「有」，並稱兒子能心平氣和接受現況，沒有絲毫恐懼，是因為每晚睡覺前都會對著佛珠祈禱，還祝福所有人都平安吉祥。

之後醫師又取其大腿皮膚，為密威喬做臉部植皮修復手術。術後恢復良好，志工們時時去探視，為他打氣。林慈堯鼓勵他要勇敢，也不要放棄學習；緬甸志工李金蘭教他寫字，密威喬忍住疼痛認真練習，無形中也讓手指復健，慢慢伸展開來。

等到傷口幾近癒合，臉上的紗布解開，穿上整齊衣服的他，顯得精神奕奕。一大早，林慈堯與當地志工出現在病房時，密威喬一看見，馬上就對媽媽說：「我的親人來了！」

這一天是密威喬出院的日子。臨走前，他把身上的兩千五百元緬幣拿給同樣燒傷的九歲女孩恩恩翁（Aye Aye Aung），讓她湊足錢買收音機，滿足想聽音樂的心願。

翌年一月，時任大林慈院院長、專長整形外科的簡守信與義診團前去緬甸，接獲通報的密威喬和母親從坤仰公趕來義診現場，讓簡守信檢查傷口恢復情形。

先前，因有花蓮慈院傷燙傷中心為密威喬量身訂做了燙傷面罩，簡守信小心翼翼打開面罩仔細查看，並摸了摸他的臉，露出滿意神情。他還囑咐密威喬，面罩至少還要再戴三年，方能有更好的壓疤效果。

歲月如梭，密威喬現今已是二十五歲青年。他始終不忘慈濟的恩澤，每當有稻種發放和大型活動都來參與當志工，善盡一分心力。

密威喬說，他讀完八年級就休學了，起先做過電線安裝和維修工作，後因工作斷斷續續，就回鄉與父親一起耕田。

我問他，今年收成如何？他說：「旱季稻，一畝收了九十籮；雨季稻，一畝收了四十籮！」聽起來很不錯，比很多農人產量都要高，他們家共有十八畝田，全部用機器收割，算是富饒。

## 恩恩翁 解心結擔責任

同樣是燒燙傷小病患，恩恩翁的境遇，則不如密威喬，她不僅臉上破碎，家庭也不圓滿，三歲喪母，父親也罹病、無法做粗重工作，全靠祖母扶養她和弟弟。

慈濟人是探視密威喬時接觸到恩恩翁。她在風災後一個夜晚，因為怕弟弟被蚊蟲叮咬而在蚊帳外面點了蚊香，不料引發大火，弟弟當場被燒死，她也燒成了重傷。

住院期間，才九歲的她忍受著清創、換藥及植皮的劇烈疼痛。大馬志工廖慈斐隔著玻璃，窺見她換藥時痛得大聲哀號，叫聲好淒厲，忍不住淚奔直流！

廖慈斐很心疼這對祖孫。不到五十歲的祖母早年就守寡，自己養大五名子女，老來除了兒子的兩個孩子，已離婚的么女也丟下兩名幼子讓她扶養；在陪伴恩恩翁住院時，她也不得清閒，一有空就幫其他病患和家屬洗衣賺錢。

而恩恩翁就像個小媽媽，平常當祖母外出去工作，幾個弟弟便全由她照顧，煮飯、洗衣、幫小表弟洗澡一手包辦，相當能幹。

她住院期間，志工們發現她不曾上過學，就教她寫英文字母和簡單的緬文，她學得很有興趣，字寫得漂亮又工整。出院後，廖慈斐一直惦記著讀書事，又和幾位緬甸志工乘著小卡車到莫比鎮，恩恩翁所住的那巴村（La Pa）家訪。

車子搖晃了兩個多鐘頭，彎進一條小路，志工再步行走進一條不到五十公分寬的羊腸小徑，遠遠就看見一位小女孩，肩上背著一個孩子、手上又牽一個……

當天祖母已出門工作，住在附近的大姑說，恩恩翁的證件在火災中燒毀了，必須重辦身分證，才能入學；然而她若去上學，兩個小表弟就沒人照顧。

志工們不肯放棄，數度拜訪，最後取得祖母同意，又獲得大姑允諾看管孩子，才由慈濟負擔學雜費，讓恩恩翁超齡進入幼稚班就讀。

恩恩翁升上一年級就考了全班第七名；第二年為了幫慈濟節省經費，主動說要停掉補習，靠自己努力，依然名列前茅；第三年課業加重了，不過仍能維持在水準之上。

剛入學時，同學們害怕她身上的傷疤而疏遠；隨著時日熟稔，加上老師從旁開導，大家都能同情她的遭遇，漸漸地也就玩在一起。

在家中，恩恩翁也盡責家務。每天上學前及放學後，她都到樹林去撿柴、從路邊摘來野生的空心菜，生火煮餐，照顧兩個小表弟的生活起居；直到他們先後入學，還幫忙輔導功課，完全不用祖母操心。

身體的創傷，總有復原的一天；但心理的創痛，如何修補呢？

恩恩翁終歸是女孩子，身體被火紋過的右半側，留下幾道又深又長的疤痕，隨著年齡漸長，她愈感自卑，嘴裏雖不說，行為上卻可看出她的脆弱，以及急欲掩飾的不安。

她總是把頭髮垂下，遮蓋住右半邊的臉。從左側看，她生得鵝蛋臉、雙眼皮、挺鼻梁、豐厚嘴唇，還有大大的眼珠，長得十分清秀；但那凹凸不平的傷疤卻盤踞了右側臉，難以抹除。

還有一個心結是，弟弟意外喪生，讓恩恩翁非常自責。若有人無意間碰觸這個話題，她就會淚流不止，邊哭邊說著：「我希望弟弟能原諒我……」

廖慈斐告訴她：「原諒別人就是善待自己！」請她要學會寬待自己，弟弟也一定能諒解她。

而祖母也一再勸慰，想念弟弟時，就去禮佛，讓心情平靜；她照做了，不僅虔誠合十，還念念有詞：「我祈求弟弟能去到一個很好的地方，出生在好家庭，過得幸福美滿！」

隨著時光流逝，恩恩翁已是二十妙齡少女，許是家庭責任心使然，也或許年齡較其他同學大許多，使她對上學卻步。不過，在她成長過程中，一直都有股善的力量支持和相伴著，使她不致於孤單，而覺得有了依靠。

## 請給我一匹馬

初到大城市的特偉林（Htet Wai Lin）和母親索索敏（Soe Soe Myint）怯生生的，在仰光骨科醫院裏，連窗戶都不敢開，就怕弄壞了它！這對母子很客氣，也很純樸，每次志工們去探望，特偉林總笑嘻嘻的，讓人打從心底喜歡他。

二〇〇八年八月，慈濟繼稻種和肥料發放後，又走進礁旦鎮烏櫻村發給學童文具，正當志工們在帶動唱時，校長突然跑過來抱走一個孩子，馬來西亞分會影視同仁藍錦菲看到了，她趨前關心；校長說，這孩子不能走路，每天都是媽媽背他來上學。

### 不忍成為母親的重擔

當天來不及多做了解，幾天後，放心不下的藍錦菲，邀了大馬志工朱國財和翻譯楊茂凌，又跑去一趟烏櫻村。

他們先到學校找特偉林，然後跟著母子倆走回家。正逢雨季，雖沒下雨，田埂路依然泥濘難行，為了閃避溼滑的田地，一行人左彎右拐，整整走了一個小時。

他們邊走邊問索索敏：「到了嗎？」她總說：「就快到了！」在一望無際的稻田中，終看見一間茅草屋佇立在前方，那是農民烏閔壽的家。

繞過那間屋子，來到一座竹橋，竹橋稀疏且搖晃厲害，橋下水流湍急，深不見底，三個人都感到害怕，索索敏背著孩子卻安步當車，走得很輕鬆。

終於到了家，索索敏將孩子放下後，志工們赫見特偉林的右腿呈內八又歪曲，像嬰兒般在地上爬行，難過得難以平撫！

藍錦菲開口問特偉林，將來有什麼願望？在緬甸，她採訪過無數孩子，多數回答是當老師、醫師、工程師、軍人這四種選項；但八歲的特偉林卻說：「請給我一匹馬！這樣我就可以自己騎馬去學校，不用媽媽再背我了！」

脫口而出的話，天馬行空又天真，讓眾人吃驚。特偉林會如此想，是因媽媽為了圓他的求學夢，每天不惜辛勞背他去學校，放學後又去背回；特偉林自知，自己一天天長大，媽媽負擔會愈沈重，他不忍，也體諒媽媽，不想她那麼辛苦！

索索敏說，特偉林出生三個月時發高燒，住院七天後，病雖好了，雙腳卻失去力量，此後沒有站起來過。

考量就醫往返費時，慈濟人將這一家人接到仰光市。經骨科及關節疾病權威佐崴蘇

（Zaw Wai Soe）醫師初診，「他已經超過五歲的黃金治療期，不敢保證開完刀就能夠走路，但至少可以站起來。」

志工們又帶著特偉林到公立的骨科醫院，這所醫院收費低廉，窮困家庭可完全免費治療。他們先交給索索敏一萬緬幣，作為母子倆一週的伙食費，又買來草蓆、毛毯和枕頭，以免他們夜晚著涼。

特偉林十分好學，住院時，病房內並無桌椅，他趴在床上讀書和寫字，寫的字漂亮又整齊，難怪他常考全班第一名。

## 誠意讓院方態度軟化

醫師為特偉林擬定治療計畫，先做復健再開刀。兩週物理治療期間，他忍住痛苦，讓復健師強拉筋骨做伸展，初步有了改善，他能穩穩坐著，不需人攙扶。接著動手術矯正變形的腳板，術後得用十公斤重的石頭做牽引，巨痛的程度可想而知；一個月後又動第二次手術，特偉林腰部以下被木棒固定成Ａ字型，間距拉扯太開，痛得他哭了好幾個小時。

特偉林在病床上躺了一個半月，不得動彈，也失去歡笑。「師姑，您們要再來看我喔！」每次志工們要離開醫院時，特偉林都會小小聲地說。

來自馬來西亞的劉慈莙，每隔一天就帶著緬甸志工一起去探視。風災後，許多外籍人士在網路上批評軍政府的不是、醫院設備簡陋等，故緬甸政府規定外國人不得隨意進入公立醫院；若有必要，一個月前就需提出申請。劉慈莙當時是三天兩頭往醫院跑，讓院方起了戒心，一度限制她進入病房。

有一回，她和緬甸志工郭寶鈺結伴而行，碰巧院長迎面走來。他見到外國人出現，對著郭寶鈺不停怒罵；劉慈莙幾乎是用卑微的語氣懇求：「院長，求求您！特偉林還小，很需要關心，請您簽個名，讓我們進去吧！」

「你們不是前天才來過，一週只能來一次！」院長還是嚴厲怒斥。劉慈莙不斷九十度彎腰鞠躬，嘴裏直說抱歉，並再次表明純粹是來關懷；終使得院長態度軟化，查明眾人並無其他意圖，也就放行，之後他們便暢行無阻了。

特偉林出院那一天，劉慈莙與幾位緬甸志工向院方借輪椅，當她拿著申請單請院長簽名時，院長竟說：「不必簽了，我相信你們！你是外國人都這麼關心我們的人民，我是本國人，又怎麼能視若無睹呢？」

雙方從誤解到了解，後來志工們邀請院長到慈濟會所參加人醫會聯誼，從各國來義診的醫師分享醫療救援的心得，院長都聽進去了；臨走前說：「慈濟人什麼時候要來醫院探訪病患，都沒問題。」

幫特偉林動手術的佐崴蘇醫師，當晚也受邀與會，他表露著：「我人生中第一次感動，是風災後進入災區做義診；第二次感動就在今晚，我只是用平常心對待特偉林，沒想到獲得慈濟人這麼多的感恩！」

## 穿上生平第一雙鞋子

次年二月，復健醫院的女醫師為特偉林做了詳細檢查，來自日本的復健科教授，因與大馬慈濟人同住一間飯店，聽到特偉林的故事後，也特地到醫院關心。專家們都建議，應當把特偉林轉到國家級復健中心做長期復健。

那天看診完，志工們帶著特偉林母子回會所享用午餐。特偉林一見到證嚴法師的法相，很自然地恭敬合十。用完餐後，他倚靠著辦公桌椅慢慢移動了雙腿，雖然動作很吃力，卻穩穩踏出人生的第一步，還歡喜地比出勝利的手勢。

過後，他住進了復健中心，才短短幾天，就能放手自己站立，且能跪能蹲，又可藉雙手力量支撐，雙腳伸直踏在地上行走，這可是他等了九年的願望啊！

歷經長達一年多的治療，特偉林終於穿上生平的第一雙鞋——復健醫院免費送他特製的鐵鞋，讓他練習平衡站立，這對他、父母及志工而言，都是莫大的喜悅！

二〇一二年，我們和大馬志工朱國財、張濟玄，在緬甸志工賴星燦陪同下，重返烏櫻村關懷特偉林，他已長高又變壯，功課依然維持得不錯。

「師伯，您們好！」特偉林字正腔圓說著中文，原來他每個月都會和媽媽一起到仰光參加慈濟的「醫療教育個案聯誼會」，因此「靜思語」能隨口說出幾句。

「加油喔，你變重了呢！」朱國財順手抱起特偉林，臉上流露出無比的疼惜。

一直到現今，慈濟人對特偉林的關心從未間斷，聽說他乘坐的輪椅壞了，賴星燦就出資買了一部新的送過去。二十歲的特偉林好不容易升上十年級，順利的話，再過一年就要考大學了！

索索敏說，她雖不放心兒子出外讀書，但若有合適的特殊學校，她也願意放手，讓兒子學習獨立、繼續升學，踏出人生的下一步。

## 走進自然禪修中心

這裏像天堂，也像人間的地獄。只要想修行，都可以來此，法師會供應吃和住；但另一方面，又看見了眾生的各種殘破相——眼盲、耳聾、中風、癱瘓、久病不癒、車禍重傷……置身於此，你會感覺身體只不過是一具臭皮囊，真的沒什麼好計較的！

### 納入巡迴義診定點

坐落於仰光省丹茵鎮的自然禪修中心，占地三十六點七甲，從空中鳥瞰，多棟建築分立，很是宏偉；近看，卻是髒亂、破落，這裏住有法師、修行者、本國人、外國人，不論你是什麼身分，只要願意來，都會被接納。

任職於緬甸社會保障局的慈濟人醫會醫師陳界漢，聽聞此處亟需醫療服務，於二〇一八年元月，召集醫師、護理師及志工等一百多人，前往舉辦義診。

走進病房區，一床床的患者，有視障、聽障、中風、癌症、愛滋病、肺結核、精神病、小兒麻痺症等約九百多位，尿騷、糞便味充斥其間，長期病患逢人便哀號，伸手乞求治療。

「看著一個個受病痛摧殘的人，我們於心不忍，希望能幫上一點忙。」陳界漢說，緬甸人醫會原就有巡迴農村的義診服務，因此也把此處納入範圍。

該中心護理長多丘丘溫（Daw Cho Cho Win）表示，住持師父很慈悲，感召了許多醫護團體來為病患義診，但他們只診斷未給藥品，法師及善心居士努力支持，但藥價年年上漲，病人卻愈來愈多，中心已難支撐。

陳界漢號召來的醫護人員，長期接觸各種病患，都能苦人所苦。當中敏特昂（Min Htet Aung）醫師就受到父親烏玖玖影響，自告奮勇幫愛滋病患看診。烏玖玖為仰光省農業部總監，長年與慈濟合作稻種發放。

在仰光醫院腦神經科擔任護理長的多默默誒佐（Daw Moe Moe Aye Kyaw），帶著部內護理同仁及實習生一同前來，她們熟稔地幫褥瘡病人換藥，雙手忙個不停。一對醫師母女說，看到了苦境，那分慈悲及行醫的初衷便油然而生。

## 修習救苦救難法門

自然禪修中心的創辦人鄔歐達瑪沙喇法師（U Ottamasara），是華人，現年五十歲。

未出家前，在仰光華區開設服飾店，生意做得很成功；但就在擴張第三家店時，連續發生一些不順心之事。

先是租來的店面有很多蟑螂、蟲子，他用殺蟲劑大力撲殺，結果電路頻出狀況、開業後服飾被偷、載貨司機又撞到人……助理建議他到禪修中心靜坐，觀想為何會發生這一切？靜修期間，他的心靈獲得昇華，開始想朝修行的方向走。

起初，他在華區一個處所收留了上百名學佛者，讓大家打坐參禪。後來，漸有孤老無依者來投靠，他出門托缽遇到流浪漢、乞丐，也把他們帶回來照顧。

日子一久，年長者漸凋零，屢辦佛事，就遭到鄰居嫌惡，因此遷來現址。此處是他自購，二〇〇八年七月剛成立時，僅有三畝大，後來善心人士及外國人大力護持，不斷買地相贈，一直到如今擁有這麼大規模。

法師的修行法門是救苦救難，收容了很多乞討、智能障礙者，其中一小部分穿著袈裟卻仍抽菸、喝酒，傳統佛教僧伽會排拒不給予入會執照。法師卻想，這些人已走投無路，若他再不收留，他們將何去何從？他期望用佛法來感化，慢慢薰陶、導正其行為。

禪修中心收留了近三千人，每月以十人左右新增，法師又在萊古鎮新設一個道場，安置源源不絕的來眾。

## 信仰是病苦的寄託

在這中心裏，有樓房、平房，也有茅草屋，一棟四層的大樓是安置需要醫療照顧者，一樓設有醫務所，每週都有來自全國各地的醫護人員免費提供服務，週五固定給仰光一個醫療組織負責。

二〇一九年三月，我們在緬甸志工曾玉華和黃秀志陪同下，走進了療養樓，一進門，就看見掛號區，再來是門診、領藥區分列兩側，儼然是個小型醫院。

為我們導覽的女眾法師維拉德瑪娜妮（Viradhammanani）也是華人，曾在馬來西亞工作，因偶然聽聞鄔歐達瑪沙喇法師開示：「人到底為何而來？要存多少錢才夠？存多久才能滿足？」她當下頓悟，幾經波折說服了家人，圓滿出家心願。

女法師引領我們上二樓，五十八張床全住滿了人，大多是中風病患，這一層都是無法自理者，三樓住的尚可自己行動。有十多位志願者在此照顧病人，其中幾位是短期實習護理人員，另幾位是每天從外面來的義工。

我們看到一對小兄妹，依靠在病床邊說話。趨近一問，得知男孩的父親原是電線桿維修工人，六年前不慎觸電跌落，造成顱內瘀血，醫師說活不過七天；出院後，他們到處尋找偏方，花了很多冤枉錢，三個月後父親下半身不得動彈，只能勉強移動幾步，從此必須仰賴輪椅。

男孩說，兩年前父母已離異，母親帶著大哥及兩個妹妹改嫁，那時只有他與父親同住，為了維持生活，他輟學去做工，後來經人介紹才把父親送來此處。

不遠處的另一床，護理人員正在餵一位長輩吃飯。六十八歲的老伯，右耳重聽，他本在政府部門工作，三年前騎摩托車載送冰塊，不幸翻落重壓雙腳，從此不能走路。

老伯原有一子，出意外溺斃，他跟妻子已仳離，從醫院出來就被送來這裏。現今視力模糊，需借助行器才能行走，雙腳無法彎曲盤腿打坐，只能拿著佛珠念佛，信仰是他唯一的寄託。

身旁照顧的實習護理員欣伊卿（Hinn Ei Khaing），來自「我的希望（My hope）」護理團隊，要在此實習二十天，這已是第七天。欣伊卿說，「在這邊服務，見證了老、病、死，感觸良多。」

另一處平房，睡滿了女病患，一床緊挨著一床。人稱「阿元姨」的女病人，腰椎損傷，不能平躺，只能曲膝趴臥，嘴巴不時流著口水，床頭邊墊著一條毛巾，以防浸溼床被。

阿元姨是華人，原先在仰光華區幫人按摩為業，父母皆已過世，唯一的姊姊本來也住禪修中心，不久前往生。阿元姨已沒有親人，從前一起做生意的朋友偶爾會來探望。

專責照顧二十床患者的婦人綿綿依（Myint Myint Yee），一家人全住在禪修中心，長女已出嫁，但仍住這裏；次女跟她一起照顧病人，一個兒子在手機店工作、另一個在廚房幫忙，么子讀九年級，在附近學校上學。

我問綿綿依，照顧病人可有酬勞？她說，中心每個月給她五萬緬幣（約臺幣一千元），全家人在此處免費吃住，開銷極少，只有么兒讀書需花一點費用。

## 隔離安置改善環境

有位六十多歲的男病患，肺結核引發肺積水已經五年，之前在仰光醫院醫治，因積水嚴重，醫師打斷兩根肋骨裝置引流管，後來沒錢支付醫藥費，插管的洞就一直用紗布塞著。

住進禪修中心一年以來，男病患的傷口難以癒合，常感呼吸困難，護理人員每天拿著手電筒照進胸腔深部，將沾有碘酒的紗布塞進去吸積水，再拉出來，紗布足有三十六公分長，讓人見了怵目驚心！

當大愛電視臺同仁將畫面拍回臺灣，證嚴法師看了極不忍心，指示大馬和緬甸志工設法改善禪修中心的環境。來自檳城的大馬人醫會醫師陳吉民，多次前來義診和關懷，花蓮慈院副院長羅慶徽等醫師也奉派來查看詳情，醫療團隊研究過後，決定在中心內進行結核菌的篩檢，這一舉動也引起政府關注，派出兩名醫師同來檢測；所有受檢兩千八百七十人中，驗出了一百一十多位是開放性患者。

慈濟獲得禪修中心同意，由志工張濟玄帶隊，在大馬和緬甸志工通力合作下，搭建了二十六間簡易屋，用來隔離和安置結核病患，並投以藥物治療；且還設立愛滋病專區，特別看護。經一番徹底整頓，禪修中心的環境大為改觀，不再有尿騷糞便味了。

而在另一竹林區的茅草屋，住有位烏耶華達法師（U Yay Wa Ta），每天都特地煮營養的粥品，供給體弱者吃；還自購多支氧氣筒，讓慢性肺阻塞的病人免費使用。每月約五萬緬幣的開銷，全由他個人支付，那是人家供養他積存下來的。

烏耶華達法師說，他很認同住持法師的修行方式，七年前才來投靠。他會出家是因母親罹癌後，動了手術，雖已痊癒，但身體一直不太好。這讓他深感擁有再多的錢，也沒用；「錢難以買到健康，唯有修行，才能讓人平靜、心安。」

人生在世，最重要是情與義，在這裏有情感的交流、有人關心和照應，連住在此地的外國人，也會幫長者沐浴，還帶著一群小孩一起做，讓他們學習禮敬長輩。所以可說，自然禪修中心的生活，無不都是禪、無不見佛法，真是人生一大體驗處所啊！

# 輯三

# 稻花香裏說豐年

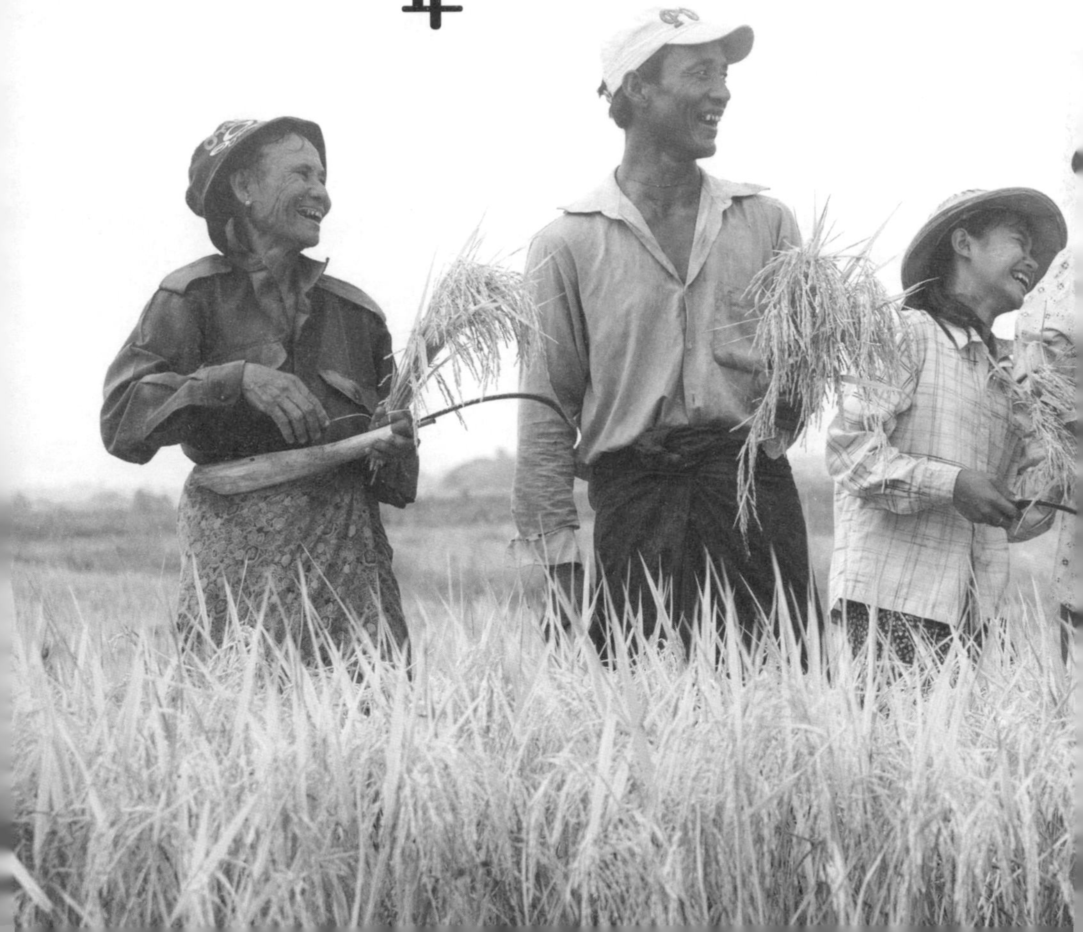

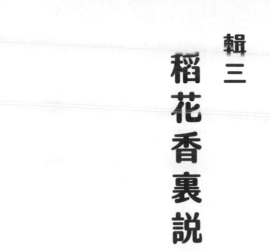

## 烏櫻村的蛻變

緬甸四月天，燥熱難耐，一連多日的潑水節活動，恰如一劑清涼，讓地表溫度驟降了不少。在仰光街頭，每隔幾百公尺就有高臺架設，人們將音樂開得震天價響，伴隨人群陣陣歡笑及尖叫聲，大街小巷氣氛火熱，吉普車上、卡車後方，年輕人擠在一塊，隨著熱門音樂扭腰擺臀。當車子駛近高臺，從天而降的水柱淋灌，歡樂到最高點！

這一清水潑灑，意喻洗淨過往的穢氣，迎接嶄新的一年。

相較於街頭的狂歡，也有人選擇在此期間到寺院靜坐或短期出家，位於仰光市區的瑪哈希（Mahasi）禪修中心，一下子湧入三千多人，進行七至十天的潛修；路上也常見稚齡男童盛裝打扮，像個小王子一樣，在車隊鑼鼓喧天下，被父母及親族們一路簇擁，護送入佛寺剃度落髮。

閃過城市的喧嘩、熱鬧，進入到農村，則顯得安靜許多。這天，我們與大馬、緬甸幾位志工南下拜訪礁旦鎮的烏櫻村，從仰光出發，車行一小時，再搭船近二十分鐘抵達。

船行於河面，海鳥不停在空中盤旋，河中有一佛寺出現在視角，遠看，像似海市蜃樓那般飄浮，實則靜止不動；河岸邊一整排茅草屋，滿是濃郁的鄉土氣息，隱約可見遠處稻田，稻穗已飽滿垂下，等待人們收割。

## 烏閔壽日存一把米

隨著馬達聲靜止，我們從船艙跨上碼頭，隨即聽見張濟玄一聲驚叫：「哇！這碼頭很新啊，之前只是稀稀落落幾十根竹子搭成，現在用木板搭得很堅固，真是不一樣了。」

過去從碼頭走到村民聚居的農舍需要一小時，如今已有計程車可搭，道路鋪上了水泥，平整又寬敞，可以一路暢通到底。

來到烏閔壽的家，六十四歲的他消瘦了許多！原來這些年，他的人生起了大變化，妻子於四年前過世，他自己兩年前也中風，整個人不若以往有朝氣，但還是一派地謙沖有禮。二〇一二年，我第一次見到他，感覺他就像個「儒農」，雖然衣裝樸拙，胳肢窩處還破了洞，卻不減損舉止的文雅。

烏閔壽有三個弟弟，其中兩位也務農，最小的么弟出家，就是村頭佛寺的住持溫達南達法師（Windananda）。二〇〇八年，慈濟到烏櫻村發放稻種，法師全力掖助，騰出寺內的空間給慈濟堆放；後來稻子收成時，慈濟推動「稻種回娘家」，法師又號召全村踴躍捐獻，大大凝聚了村民們的力量。

傳承於祖輩留下的農田，烏閔壽共擁有七畝田。納吉斯風災時，他的田地全毀，屋子也被吹得七零八落，當時大水滾滾而來，深及腰間，烏閔壽連夜帶著家人搖著竹筏逃到佛寺避難，整整有三天他食不下嚥；直到度過了危險期，他返家探看，老屋一片狼藉，僅餘下幾根柱子。

風災那年七月，他領到慈濟發的七包稻種，之後又拿到肥料，十一月收成，一畝田收穫六十籮，比往年高出許多；賣出了三百籮，收入九十萬緬幣，還預存一百多籮供自家食用及留做下一季稻種。雖是大豐收，但所得扣除開支，尚不足修復被風災毀壞的房子。他費了兩年工夫，一點一滴慢慢修建，花了一百萬緬幣才蓋好新的茅草屋。

「因為慈濟來發放稻種，我們才得以脫困，也應該把這分愛心傳續下去。」烏閔壽說，災後連著兩年豐收，他才有辦法償還前債；當得知慈濟起源於「竹筒歲月」精神，三十位家庭主婦日存五毛買菜錢救人，他便起了仿效之心。

儘管家中有十口人要吃飯，實無餘錢可捐獻，他卻想到每天煮飯前，先抓一把米放入陶甕內，「日存一把米」也可助人。這分善舉，透過口耳相傳，許多農民也學他存米，累積到一定的量再拿去救濟窮人，「米撲滿」的美名不脛而走。

過後兩年天候不佳，稻作收成不好，所種綠豆價格也不如預期，烏閔壽欠債四、五十萬緬幣，但行善的舉動從未停止。「雖然我窮，但窮時布施比富了布施更有意義，這樣的存米對我是一大挑戰，我不會讓愛心澆滅，會一直力行下去。」

烏閔壽堅決地說，早年他就有煮一鍋白飯供佛的習慣，現在只不過多存一把米做善事；而且他認為，身為農人，種出的米能供養眾人，是很光榮之事。

「我覺得人生有三個階段，求學、求財、求法，以我的年紀，是到求法的時候了。」烏閔壽強調，種田有好收成，能餵飽家人，還能利益國家社會甚至於全世界，也是一種「法喜」；他並立願，要種到做不動為止。

## 溫達南達法師受愛戴

潑水節期間，從緬曆年尾一直延續到初一，佛教徒天天上佛寺受持三皈依、守八戒；除了過午不食，還有供佛、放生、街頭布施等活動，每座金塔和佛寺都擠滿了人潮。

在烏櫻村，有一項很特殊的習俗，年初一這天會舉辦一場別開生面的禮儀，把村內七十歲以上的老人聚在一起，由年輕人奉上新年禮品，並一對一幫長者洗頭、剪指甲等。

這樣的敬老活動已維持超過七十年了。

團結、和諧、有向心力，是這一村的特色。這幾年來村子裏裏外外都有飛躍式的進展，不單是道路鋪平，還包括電力、水資源開發，以及機械化耕作。從前一下雨就泥濘不堪的路面，如今全村主要通道都鋪上水泥，步行方便，摩托車也可行駛。水源方面，以往每家屋旁都有小池子蓄積雨水，作為清潔之用，飲用水則到公共蓮花池提取，再過濾；現今，村子已有幾部幫浦打探地下水，讓民眾拿桶子自裝。

二〇一二年有慈善團體捐贈發電機，村裏便有了公共路燈；私家電是這兩、三年才設置的，有電視機的家庭變多了，手機也能充電。

身為村莊精神領袖的溫達南達法師表示，多年前有位部長下鄉來考察，問有何需求？法師說：「我個人沒什麼欠缺，只希望村子盡快有電，道路和碼頭也能修好。」法師的心願獲得實踐，村民也很合心，經費由政府支付，鋪設則是全村人一起動手完成。

溫達南達法師的無私，令人欽佩。也由於他人格高尚，讓慈濟人更喜歡親近，早年擔任稻種發放先遣人員的張濟玄、朱國財等，就與法師結下深厚情誼，朱國財甚至自覺跟法師長得相像，或許過去生曾為兄弟，或是曾在一起修行。

談起自己的大哥烏閔壽，法師頗為感慨：「他大前年中風，雖然痊癒，但記憶力明顯減退，行動也不像過去那麼敏捷。以往，村子裏只要有婚喪喜慶，大哥都會統籌大家一起做大布施，現在就沒辦法了。」

對於兄長持續捐米布施，法師抱持肯定態度，「能不間斷這樣做，就是每天存好心、發好願，這對修行很有幫助。」

## 農民翻身回饋窮人

幾年不見，烏櫻村真的變化很大，恍若兩般不同風情。

從前農家婦女手拿鐮刀忙碌割稻的美麗倩影，如今已不常見，就像烏閔壽的三位女兒都走進城裏，去成衣廠工作，假日才幫忙父親農務。顯然地，到工廠做工要比種田賺錢容易且穩定，也不受天候的影響。

烏閔壽這幾年耕的田少了，他年歲已大又中風過，不宜太勞累；而隨著機械農具的使用，耕田也不再那麼費力，只要不遇天災，自給自足沒有問題。

距離烏閔壽家不遠的烏沙茂（U San Maung），經濟情況也大幅改善。風災那一年，他家的木屋被吹毀，全家人住過佛寺一陣子。因為慈濟給了稻種，讓他有翻身的契機。

烏沙茂最記得，當年十一月，快要收割時，突然下起雨來，全村人都聚集到佛寺一起祈禱；三天後，雨終於停了，大家加快腳步進行搶收，雖然損失一些，但他每畝田還收到七、八十籮，比往年多出三成，這才有辦法清償債款，慢慢又把房子蓋起來。

如今他三名子女已成人，一子隨他耕田，另一子到城市做生意，女兒在仰光的肥皂工廠上班，生活無虞。

另一位受慈濟幫助而擺脫困境的農民烏奧緬，則是大大的翻身。當年他正面臨農田損壞嚴重，子女教育經費籌不出來；領到慈濟的稻種和肥料後，他連三年種植都不錯。如今，女兒已從研究所畢業，兒子也當上醫師，感念過去受人恩德，假日他都走入偏遠鄉間免費幫窮人看病，這樣的善行，讓父母同感驕傲。

走過「慈濟大道」，這條當年村民為了紀念慈濟而命名的道路，經過重新鋪設後，踏上去相當平坦。一路從村子延伸到了碼頭，沿途還設有路燈，不少人家蓋起兩層的樓房，農村的景致已不同往昔了。

途經農地，廣闊的稻田中央，一群農人正操作機器採收稻子，脫穀機分離穀粒與稻稈的瞬間，噴發出一波波金黃色的拋物線，煞是美麗！陽光下，閃閃發光的稻穀有如一片黃金海。此時，想必農人也滿懷著歡欣，而我們也為農民年年有好收成，感到喜悅！

## 米撲滿善效應

父親出家又早逝，母親從小灌輸給他的觀念，要禮敬出家人以及多布施。這位出身貧寒的農人，沒受過正規教育，只在寺廟讀過一點書，自小在田間跟著大人工作，除了耕耘自家的四畝地，也幫別人耕種，賺取微薄的工資。

窮困了大半輩子，他現在依然不富有，可心靈財富卻是滿盈。他已連續十年，每天早晚煮飯前，都會先抓一把米存放，用以幫助別人——這就是全球慈濟人熟知的「米撲滿」推動者烏丁屯（U Thein Tun）。

## 大地共生啟發善念

初接觸烏丁屯，發現他的兩道眉毛靠得很近，但可不是愁眉不展；相反的，他對人生看得很開，談話也很幽默，過慣了苦日子，對他就像喝白開水那樣簡單。

二〇一二年四月，我們第一次去達那秉村（Tha Na Pin）拜訪他時，他家房子相當破爛，竹子編成的牆、屋頂覆蓋亞答葉，漏縫處很多，用著碎竹片及塑膠袋束補一塊、西貼一片；竹板床稀疏脆弱，深怕用力一坐，就會整片陷落下去。

當時，烏丁屯的稻子還沒收割，為了我們拍照，他赤腳走進田間，象徵性地拿起鐮刀揮動，一手抓握、一手割稻的動作十分俐落，手上厚厚的繭，刻滿了歲月痕跡，那是長年勞動留下的印記。

「兩年前，我領到慈濟發的四包稻種，正是轉運的開始！」烏丁屯說，慈濟給的稻種品質非常好，種下後，他每畝田收穫六十二籮，是前所未有的高產量。

在那之前，納吉斯風災搗毀了他的家園，他向政府貸款兩萬緬幣來修繕。但之後收成卻很慘淡，四畝田總共才收了三十五籮；翌年再種，又因灌溉水分太多，很多稻苗淹死，收成後還不夠還債。

下一季要播的稻種只能留一籮，他必須到處打零工，才有錢買米給全家五口人吃。耕作費用也必須再向政府貸款，每一畝田最多能貸到兩萬元，其餘的都得向民間借高利貸；連著幾年收成不好，利息連同本金愈滾愈多了。

所幸二〇一〇年五月，他領到慈濟贈送的四包稻種，當看到米袋上印有三行字：「口說好話、心想好意、身行好事」，心思單純的他，將種子播下後，就每天跑去跟稻田說好話：「稻子啊，你們要快快長大，讓全世界的人都能夠享用……」

結果，稻苗愈長愈高壯，當年收成創下紀錄，每畝田高達六十二籮，他終能清償債款；隔年，他再把留下的稻種播下，雖不如上一期，仍是相當不錯，每一畝田收了五十五籮；再下一年是四十三籮。

「我一樣說了好話，但蟲還是來吃。」烏丁屯感受到田裏的蟲也要生存，並沒大力破壞生物鏈，盡量不殺生，沒噴灑農藥和殺蟲劑；他用天然的有機肥取代化學肥料，重視人、蟲與稻子的相互依存，各取所需、互為滿足。

這樣的一套耕種哲理，對他來說，實行起來一點都不難，他認為大自然的萬物本就是共生共存，也應當相互尊重；而「存米回捐」的動作，更是出於他的本心思維，一簞食、一瓢飲，清貧也可度日，不需吃得太多，有力氣做事就行了。

這一作為，促發證嚴法師聯想到「八分飽、兩分助人好」的概念，每天能少吃一點點，全家人累積下來的米量就很可觀，可以再拿去救助其他窮苦人家。

## 清貧布施淨心田

烏丁屯會有「存米捐贈」的想法，是受到烏櫻村農民烏閔壽的影響。

二〇一〇年起，慈濟陸續對丹茵鎮二十九個農村發放稻種，儀式進行前，都會先播放礁旦鎮農民回捐稻種的影片，烏丁屯看了有所感悟，決定效法。

後來他又聽說中美洲的海地發生大地震，很多窮人沒有飯吃，更加深他存米救人的決心。

「在我最困難時，是慈濟來幫忙解圍，正因為經歷過債務苦苦相逼的窘境，我更懂得窮人的需要。」烏丁屯說，他和家人每天少吃一點，並不會怎麼樣；但對於沒飯吃的人，那可是救命的資糧啊！

全天下的苦難人何其多，烏丁屯住在緬甸小小的農村，每天所見不是農田就是住家，他連仰光大城市都很少去，照理見聞並不多；然而存米、捐米動作，他卻始終沒停下。

他就這樣每天存米，早晚煮飯前各抓一把放入塑膠桶，存到一個數量，慈濟人會來收取，再拿去救濟窮人。

但有一回，碰巧慈濟人來了，發現他家米缸的米快見底了，就問他：「你們明天要吃的米不夠了，該怎麼辦？」

烏丁屯說：「就算米缸沒米，我和太太仍會持續捐，我們寧可去借錢買米，也不會把已存到桶子內的米拿出來用，這是我的原則，我不會違背。」

這作為讓前去收米的郭寶鈺，自覺好殘忍：「我們這樣做，到底對不對？」不久後，她到臺灣參加營隊活動，當面請教證嚴法師這個問題，法師舉了「貧婆布施」的例子，對她開示。

大意是：迦葉尊者有次外出托缽，遇到了一位貧婆，貧婆悲嘆，自己也很想供養，卻貧到一無所有，什麼都拿不出來。

尊者說：「只要你想供養，身上穿的衣服，撕下一小塊來布施，這也是供養。」

貧婆疑慮著：「只是破衣罷了，一塊破布能有何用途？」尊者誠懇地回應：「若能拿出最虔誠的心，就是真正的供養。」貧婆聽了很歡喜，就撕下一小塊破布來供養尊者。

佛陀知悉後，讚歎貧婆在一無所有下，能捨布塊，真乃功德無量。「以後我的弟子們也應有老婆婆的這一番心意。」從此，出家人不論穿何種袈裟，都會在衣領後方縫上一小塊布，這塊布就叫做「印」，藉以感念貧婆的布施精神。

此一故事，郭寶鈺一聽便懂，也就釋懷了。她更以耕心田自許：「一般農田有雜草，就要除去；而我心田有無明、雜念，也要消弭。顧好自己的心念，勇於投入和付出，就是這個故事帶給我的啟示，感恩上人和烏丁屯教導了我。」

## 以身示教廣傳揚

烏丁屯的「存米布施」，之所以廣為全球慈濟人所知，又能受到讚賞，實因他很平凡，可精神毅力卻不凡，他雖沒讀過什麼書，卻是大大地明道理。也難怪，證嚴法師曾說：「緬甸有烏丁屯就夠了！」意思是可藉由他的感染力，去啟發更多人的善念。

一九六六年，佛教克難慈濟功德會成立，是由三十位家庭主婦日存五毛錢為開端；而現今，緬甸的農人用「捐米」代替「捐錢」，同樣也能行善布施，這就是農民們的智慧。

「如果上人給我的是錢，我很快就會用完，正因師父給我的是『慈悲』，讓我受用無窮，一輩子都花不完啊！」二〇一六年，烏丁屯來到臺灣受證為慈濟委員時，對著臺下的所有人宣揚他的理念和想法。

這話是出自肺腑之言，也是坦誠的表露。烏丁屯稱，他從未出過國、也沒什麼見識，說話很直白；可就是那耿直無修飾的言語，才教人更為感動。

那趟臺灣行，有志工送給南瓜、絲瓜的種子，他很高興說要帶回去種。其實，他家的庭院早種過了空心菜、茄子、長角豆等入菜食材，也種香花來供佛；虔誠的佛教信仰，讓他清心寡欲、簡樸自在。

潑水節期間，我們去他家拜訪時，那是緬甸的大過年，他們也一樣吃得簡單，一鍋白飯，配上一大鍋綠豆煮成的鹹湯，這就是他家的午餐了。

而因連年的豐收，烏丁屯的家境已改善許多，住家搭起了木板房。如今，他的「好宅」，經常收集有村人要給慈濟的「米撲滿」，一袋袋堆放在房間角落；屋子也成了共修處，很多村人會聚集到他們家，一同聞法及看證嚴法師開示的「人間菩提」節目。

信、願、行，烏丁屯由裏而外，奉行這樣的修行法門；更可喜的是，他已帶出同村一位新發意的農民烏屯意（U Tun Yee），二〇一九年底剛受證成為慈濟委員。

除了慈濟事外，在家庭中，烏丁屯的女兒已育有兩子，讓他可以含飴弄孫，閒暇時，他逗弄著孫子，讓他們承歡膝下，享受著當阿公的樂趣。

但只是慈濟志業找他，他依舊是跑第一，就如二〇一八年十一月的綠豆種發放，以及二〇一九年二月對四個省邦的稻種贈予，烏丁屯跟著大隊人馬南北大奔波，分享他「脫貧」經歷及行走菩薩道的心得，其所散播的說法和善念，教人一聽即懂，很容易入心；如同他本人一樣，清淡如同白開水，但飲之卻能沁入心脾，教人暢然開懷。

## 日存五十緬幣

等了五年，他就盼著慈濟人出現。自從聽了「竹筒歲月」的故事，他便仿效臺灣當初三十位婦女「存小錢，擴大愛」的精神，每天存下五十元緬幣（約臺幣一元），這一存，已是一千八百多個日子；直到二〇一五年這一天，他終於等到慈濟人來了！

住在丹茵鎮四秉滾村的農民烏緬誒（U Mya Aye），在二〇一〇年領到慈濟發送的稻種，結果帶來了大豐收，一畝田收到九十籮，他心心念念就想著要回饋。

僅有兩畝地的他，收入極有限。平日，他和兒子都會去幫人耕種當雇工，賺得的錢，每天取出五十元紙鈔，放進一個盒子裏存起來，為了怕潮溼、發霉，還經常拿去晒太陽，碰到雨季時，妻子就拿熨斗熨燙，以保持乾爽。

二〇一五年，仰光省北部遭遇大水患，岱枝和莫比兩鎮的農田受損嚴重，慈濟人前往賑災前，先到丹茵鎮過去曾發放的農村募集稻種。來到四秉滾村（Sit Pin Gun）時，突然有個農人走過來拉住志工葉淑美，熱切地邀請慈濟人去他家走一趟。葉淑美帶著幾位志工隨行，他們走了半個小時，經過一個池塘，又繞行田埂路，抵達了烏緬誒的家。

其妻見到慈濟人出現，立刻從佛龕上取下盒子，她打開盒蓋，一疊厚厚的鈔票就躺在裏面，堆疊得整整齊齊。烏緬誒開口說：「這是我們多年存下的，每天五十元，存的過程內心很法喜，希望捐給慈濟去幫助全世界的苦難人，祝福他們平安健康。」

接過那疊鈔票時，志工們的心著實火熱。烏緬誒的妻子還拿出熨斗，示範如何燙熨鈔票。那支老舊的熨斗是用煤炭加熱，她邊燙邊說著：「我擔心會有蟲來咬，盒子裏還放了防蟲丸。」

緬甸的農民，有穀糧捐穀糧、沒有的就想辦法捐小錢，那分真誠和善良之心，讓人感動又佩服。烏緬誒侃侃而談：「當年，慈濟人大老遠跑來幫助不相識的我們，我又看到烏櫻村一整村人捐稻種行大布施的影片，很震撼人！」

「學佛者，除了拜經念佛，也應當行動去助人。」烏緬誒認為，這是他從慈濟人身上學到的，也是他一生的功課；為此，日存五十緬幣，他仍會一直做下去！

## 良種良田播良善

納吉斯風災重創了緬甸的主要稻米產區——伊洛瓦底江三角洲，也開啟慈濟對農村的賑濟。自仰光省肇始，隨著連年水患釀災，一路擴展至勃固省、克倫邦及孟邦，多年來累計已發出稻種九千九百萬公噸、肥料五千一百多萬公噸，另在青黃不接時，還發給農民綠豆種，以舒緩受災的經濟壓力。

總發放範圍已達二十萬公頃，占緬甸全國稻作面積的百分之一點六，相當於臺灣新北市那麼大，受惠農家八萬七千九百多戶，讓他們免除「債滾債」的危機。而且所發的稻種，都經政府農業部嚴格認證，品質優良；此外，還視各地土質需求，選擇適合品種，共有五、六種之多。

根據仰光省農業部總監烏佐佐證實，慈濟發過稻種的各省邦農村，農民們都有好收益；尤其是仰光省，發放面積最廣、受益農民最多，脫貧的例子不少。

農民有了餘裕後，全村集資蓋學校、修馬路、拉電力等公益事眾多；加以政府不斷創造利基，貸款增加、利率減少，還引進機器讓農家租用，農人生活改善至為明顯。

緬甸的官方統計，二〇一四會計年度，全國稻米總出口量達一百八十萬公噸；到了二〇一七年，出口已逾三百五十萬公噸，創下七十年來新高。這比風災之前每年六十萬公噸輸出量，成長了三、五倍之多。

烏佐佐特別舉「雅佐」品種，那是製造緬甸人常吃的「Mohinga（魚湯米粉）」原料，除了供應本國人使用，最大出口是銷往中國大陸。其主要產區是礁旦和丹茵鎮，光丹茵鎮就種了二十萬畝，這與慈濟曾廣發優良稻種，農民們再循環種植大有關聯。

## 倉廩實而知禮節

回顧納吉斯風災發生之初，緬甸國內大半農地遭沖毀，慈濟在積水漸退後，選擇就近的仰光省，緊急輸送稻種和肥料給坤仰公和礁旦鎮的受災農戶，就是為了幫助農村復甦；繼之隔兩年，又對丹茵鎮廣發放稻種，這也是與政府農業部合作的開端。

結果，這兩波發放，都帶來了立即效果，以礁旦鎮烏櫻村為例，當期全村的農民，每戶平均較往年多收了十幾、二十籮；也由於大豐收，全村人回捐給慈濟共八百多籮稻種，一籮以二十三點五公斤計算，等於捐出了十八點八公噸。

接著幾年，因水患，慈濟又接續與農業部進行過幾次稻種發放，也因而帶動了丹茵鎮、岱枝鎮等地農民，都有回捐稻種和存「米撲滿」的善舉，在農村激起新的效應。

農人一個接一個善心發酵，有如擴大劑一般，在所屬村莊，甚而擴及其他村落也跟進存米，迄今累積已有三十九個村、一千八百多位米會員，每月收集到三千多公斤白米。這些米，慈濟都拿去救濟窮苦人，或用作煮粥供應給醫院的病患及家屬食用。

其中，住丹茵鎮西隆基村（Say Lone Gyi）的農人烏蜜倫（U Myint Lwin），在二〇一一年獲得慈濟贈種後，那一季產量出奇高，他捐出二十五籮稻種做回饋；二〇一九年二月，因應四個省邦的救災，他又捐出五十籮贊助，而且還強調：「這些稻種都經過我精挑細選，絕無雜質、粒粒清淨飽滿。」

二〇一八年，風災滿十周年，慈濟人也回到最初的稻種發放地坤仰公，同樣帶動了馬揚村（Mayan）捐米行動，號召人是前村長夫人多基基珊（Daw Kyi Kyi San），該村及附近村落，已有一百五十多戶存米布施。

慈濟人每個月都去收取及互動，從中發覺到一些需要關懷的個案。如罹患日本腦炎的十五歲男孩，身體瘦弱、手腳無力，長年戴氣切管，慈濟每月補助其營養品費用，經父母細心照顧，他漸有增重，如今已不需人牽扶就可自行走路，還可幫媽媽拔菜去賣。

另一位舌頭發生病變的農民，沒錢醫治，全村人籌款兩次資助他去就醫；然而，村人也僅能自度生活，實無餘力了，於是求助於慈濟。臺商志工郭敏姿得知後，緊急匯去十萬緬幣（約臺幣兩千元），期盼他繼續治療，切勿耽誤。

聞聲救苦是慈濟人走入農村的初衷，而農民們也心懷感激，以善行回饋，這一連串的善效應循環，不斷在書寫著，也為人間譜出了美好的篇章。

## 瑞那滾村的閃亮未來

仰光省北方，車程三個多小時的岱枝鎮瑞那滾村（Shwe Nar Gwin），地點偏僻，進出必須行經一處鐵軌，下面是湍急水流，黃土路上塵沙飛揚，不論搭摩托車或拖拉機改裝的卡車，都會劇烈顛簸；遇到雨季不能行車，唯有徒步行進，然而穿著雨鞋的腳往往深陷泥中難以邁步。

村中的農人烏善丁（U San Thein），他不是村長，卻很有威望，一個人帶動全村一百多戶捐「米撲滿」，又擴及其他村落共行善舉。

緬語「Shwe Nar Gwin」，是「金耳環」之意，這個村落確實有如金飾閃耀無比。它的耀眼，不在於住戶屋子富麗，而在於人心之美。

## 烏善丁以行動取代心動

二〇一五年八月一場大水患，是慈濟與此村結緣的起始。

當時，仰光北部八十多萬畝田受到損害，又以岱枝和莫比兩鎮受創最嚴重，烏善丁所住的瑞那滾村，連遭兩波洪水襲擊。有些農民第一次被淹後，以為水退了，立刻就播種；沒想到，第二次大水又來，播下的稻種全部流失。水患過後，九月起，慈濟志工陸續對兩鄉鎮各農村展開稻種救濟，瑞那滾村是在十二月領到。

當烏善丁在說明會上聽到志工講解「米撲滿」的意義，又有農人烏丁屯現身說法，談到他在丹茵鎮如何力行，耕作時對稻田說好話，並堅持不灑農藥、不用化學肥料，收成雖有起伏，但已經脫離貧農身分，培訓成為慈濟志工。

烏善丁聽了也很心動，領完稻種，就跟志工要了五十個存米的塑膠桶；志工不解他為何需要那麼多，只給了他十個。

幾個月後，慈濟人再到瑞那滾村時，發現烏善丁已號召九十戶共同存米，不足的桶子是他自掏腰包買給村民們使用。後來存米的會員愈來愈多，也從該村擴散到四個村、九個村、十三村、二十六村，到達上千戶響應，這些都是靠著烏善丁一步一腳印去宣傳走出來的。

馬來西亞志工王綺楨長期陪伴緬甸慈濟人行走農村，她深刻了解，要在日照強烈、高溫近四十度下，靠著雙腳走長路，是何等困難的事！烏善丁連續奔波幾個月下來，整個人瘦了一大圈，到六月雨季就病倒了，躺在床上將近一個月才恢復。

「烏丁屯和烏善丁都是與大地融合的人，從他們身上可看到老實農夫的典範。」王綺楨自二〇一五年五月起，就不斷往返緬甸，她能感受到農村的動態。「他們兩人所傳承的，追究根源都來自上人創辦慈濟的那一念心，集眾人之力去助人，這就是最真實的『竹筒歲月』精神啊！」

烏善丁雖倡導存「米撲滿」，也願參加志工培訓，卻唯獨對慈善訪視有點抗拒，擔心關懷個案占用太多時間，會影響他打坐參禪。他一向律己甚嚴，重視修持，每年七至九月的「結夏安居」，都會去寺廟靜坐修習。

這分對修行的堅持很難得，但慈濟人帶給他觀念的轉換。「證嚴上人剛出家時，也曾自己苦修，不收弟子；後來是為了做善事、救度眾生，才接受弟子皈依，開啟慈濟的源頭。」

受到開解的烏善丁，明白慈濟的理念，是要用出世的精神做入世之事，將佛法活用在人間、利益他人，這是修行的真諦。他頓悟了！

緊接著，村子發生一件大事——正值青年的郭謬倫（Ko Myo Lwin），工作砍樹時不幸被倒下的樹重壓，導致神經受損，下半身癱瘓。第一時間送去鄰近的醫院，醫師說沒法醫治，建議轉去仰光大醫院，他的妻子為了籌醫療費和交通費，賣掉所有首飾；開完刀返家後，第二次要再去醫院回診，卻面臨沒錢的窘境。

烏善丁得知後，立即發動村民募捐，共籌得四萬五千緬幣讓他們應急。但這並非長久之計，郭謬倫還需定期回診，烏善丁決定呈報給慈濟幫忙，自己則從旁輔佐照料。

自從慈濟接案後，除了每月給予生活費和醫療費，也經常來探視。有次，仰光的志工郭寶鈺帶隊前來，發現郭謬倫背部長有嚴重的褥瘡，痛苦呻吟著；志工們想及出村路途遙遠又難行，為求安全起見，便請人醫會陳界漢醫師先來評估，之後才由村民們協助就醫。

那是個晴朗的早晨，烏善丁找了村中兩位壯丁，又請一位婦女陪同郭繆倫的太太丁丁（Thein Thein）。他們小心地把郭繆倫從躺椅抬下，再放到擔架上，擔架事先鋪了一塊布，避免路途顛搖褥瘡疼痛加劇。

從仰光來幫忙的志工陳秀寶，前一晚與負責記錄的王棉棉睡在烏善丁的家，過程中感受到他待人的體貼。「當天他很早就起床，妻子也早起準備飯菜，就為了給郭繆倫夫婦及三位村民帶便當，讓他們在路上不會餓著。」

郭繆倫夫婦前去仰光住院期間，馬來西亞分會執行長郭濟緣請烏善丁幫他們修繕房屋。烏善丁帶著一群慈青一起做，傳授他們鋪蓋亞答葉屋頂及竹編牆和地板的技巧。

郭繆倫夫婦出院後，回來見到住家的新風貌，驚喜極了！慈濟後續還資助採買物資，讓他們在門前開了小雜貨店，以便自立。

凡此點點滴滴，烏善丁都看在眼裏，同時也參與其中，就更能體會慈善助人的真義。「我以前學佛，只重獨善其身；現在終於明白，要兼善天下，多為人群付出，才是正確之路。」

## 換個方式在他鄉點明燈

慈濟人與瑞那滾村互動日久，開始在當地培訓志工，然而一直在樹下上課也不是辦法。大馬志工思考，應當也來這村搭建一間簡易屋當作活動中心，如此村民集會就有室內空間可使用。

獲得烏善丁提供住家旁邊的空地，大馬和緬甸志工馬上聯手施作。工程期間，發現村子裏沒有電力，大馬志工返國後，立刻募集裝設太陽能板的資金，以讓附近幾個村子夜晚都有燈光照明。

郭濟緣想及大馬華人的習俗，每逢清明節，都會到廟宇為過世的祖先點燈；他轉換個說詞，告訴大家：「與其去廟裏點燈，點完就沒有了；不如我們到緬甸點燈，讓農村晚上也有燈用，這樣更能弘揚祖德。」

這說法獲得很多人認同並傳揚，特別是納吉斯風災時，曾進出緬甸不下四十次、協助過救災的實業家方海壽，推動起來更加賣力，他自身就招募到三百多人贊助。

二〇一八年潑水節前後，慈濟志工分三次對瑞那滾等九個農村，發出共四百組太陽能板，每一組內含一塊主板、一顆電池及兩個燈泡，村民們好似領到新年禮物般地歡喜。

第一波領到的瑪耶珊（Ma Aye San）說，她每天清早四點就得起床，給出門做工的丈夫煮早飯，以前沒有電時，必須摸黑炊煮。而家裏一個晚上要用掉兩根蠟燭，一個月就需花費三千多元，相當於全家五口人三天的飯錢。

拿到太陽能板後，不僅省下蠟燭錢，也不必在黑暗中做早飯了，活動式的燈泡移到廚房，馬上有了光亮。

裁縫師拉拉蕊（Hla Hla Nwe）也說，她幫人車製衣服，遇到急件時，夜晚就得點蠟燭趕工，後來又改用小蓄電池照明，但電力維持不久；有了太陽能板後，白天拿到太陽底下曝晒，夜晚就可長時間照明。

其他村子也有農戶回應，他的孩子晚上寫功課不用點蠟燭了；也有人說，以前手機充電都要拿到毆甘鎮（Oak Kan）上，現在接上太陽能板的接頭，充多久都可以。還有一項出人意表的答覆，德貢村（Thae Gone）的農民說：「家裏有了照明後，夜晚蛇類就不敢爬進屋內咬人了！」

此外有個普遍現象，村人都會把一盞燈固定放在佛龕上，照亮供奉的佛像；許多人很有愛心，會將另一盞移到戶外，「我們希望留一盞燈，讓夜晚過路的人可以看得見，走路就不會摔倒；特別是騎摩托車的人，有了光源，可避免出意外。」

每套太陽能板成本不過六萬五千緬幣，約合臺幣一千三百元，就能為村民帶來這麼大的便利與歡喜。這費用對大馬人來說並不高，但對當地居民却得要二十天不吃不喝省下所有工資，才可能辦到。

## 鋪設道路走向閃亮未來

富潤屋、德潤身，二〇一九年三月，慈濟人鑑於通往瑞那滾村的道路難行，決定要購買材料並補助費用，為其鋪上一條好走的水泥路。

其實，過往村民也曾集資鋪設，但鋪不到兩百公尺，就因經費短絀而停止；這一次，慈濟找來一百一十位壯丁和婦人，分成五組作業，每組每天製作出五十塊水泥板，晒乾後一路鋪展，到六月就鋪好一千四百五十公尺長的水泥路，村民們總算有好路可行了。

這一連串的成果，始於一念善心，而後才帶來光明和希望。有了太陽能板，夜晚就有燈光；有了水泥板，就不懼天雨和泥路，村民們對外交通方便了，到城鎮的距離也拉近了。

再者，慈濟人獲烏善丁提供田地，加上幾位農人也響應，正在施行「大愛農場」計畫，引入耕耘機進行翻土、整地，用插秧取代播種，希冀創造更佳產值；將來收割時，也將全面機械化，若此實驗結果順利，將再推展到其他村落也實施。

用最有效益的耕種法，達到最高的產量，一直是慈濟人心心念念想幫助農人達成的願望。且期盼未來，瑞那滾村真如其名「金耳環」之含意，閃耀光亮、燦爛無比！

## 勃固橡膠園的一盞燈

海拔兩千多公尺高的勃固省阿萊尼村（Ah Hlaing Ni），位於山地原野，周遭散布著橡膠園，分屬不同老闆所有，村民多為雇工，這是他們主要的經濟來源。每天凌晨兩、三點，人們就戴起頭燈出門，藉由微弱的光源探照，用刀子劃開橡膠樹的樹皮，讓汁液流出，下面以桶子盛裝。

每割一棵樹以九元計算，大人一天可賺三千緬幣（約臺幣六十六元）；小孩子動作較慢，大約減半。如此，全家辛勞早起工作，賺的是血汗錢，吃的米非自種而需購買，即使如此，很多村民仍響應捐米，變成慈濟的「米會員」，究何原因？實因感念一分情，也為了要布施助人。

## 老法師的臨終囑託

十八年前，勃固省許多善心人士就知昂特帝寺（Aung Theikti）的住持法師在深山裏辦學，山下的一群護持者稱之為「勃固森林裏的一盞明燈」，幫助封閉世界的孩子們，打開通往外界的一扇窗。

二〇〇六年，剛出家的烏阿伽達摩法師（U Ah Ga Da Ma）因緣際會，原是送一位不良於行的孩子到此安置和讀書，來了卻發現住持老法師已經圓寂。據村人說，老法師臨終前曾囑咐會有一位年輕法師到來，他要把住持的位置傳給他；烏阿伽達摩法師明白這是老法師的一片苦心，便接受駐錫下來。

初來乍到，烏阿伽達摩法師常與村民往來，村子有人過世，也會前往弔祭助念。他常見喪家的住屋少了一面牆，詢問之下，才知道村民買不起棺木，就把牆面的茅草取下，用來裹住亡者遺體。

這讓他覺得很心酸，後來得到善心施主捐獻，他訂做了一副不銹鋼棺木，讓沒有錢的村民使用，用過後還可洗淨重複再用。村人普遍貧困弱勢，更令他認知到，要好好培育孩子們，讓他們可以走出大山，改變命運。

烏阿迦達摩法師接管寺院學校時，學童僅五十八個，最高程度只到四年級，他們全都是橡膠園雇工的孩子。

他和另兩位法師包下一到四年級的課，當時只有一間茅草屋充當教室，分成幾組學生上課。許多孩子每週要花兩天撿柴或採竹筍去賣，才有錢買課本，幸好後來有人認捐。

曾經有位橡膠園的老闆很支持辦學，大力挹注資金，但他往生後，下一代就不願承續了。還好山下信眾口耳相傳、爭相捐助，學校才能生存；如今全校從一到十年級，總共四百多位學生，可從小學一路讀到高中畢業。

每月政府補助十三萬緬幣經費，孩子只需繳少許學費，其他多由善心人士捐助，然而教師經常被山腳下另一所學校挖角，這是另一個問題。山村家庭多不富裕，寺裏還收容了十五位來自伊洛瓦底省風災受災戶的孩子，住宿及三餐費用均由寺院支出，不啻是一大負擔。

## 學童善舉 大人響應

昂特帝寺的米糧消耗極大，二〇一六年慈濟申請到臺灣農委會援外稻米，運來緬甸救助，兩百包送給這所寺院學校；之後，慈濟科技大學師生訪問團來此交流和發放文具，鼓勵孩子們要用功讀書。

長期互動下，志工們發覺學校七間簡陋教室不敷使用，法師只好在大樹旁用木頭和亞答葉搭建茅草屋，權充上課空間。但一遇大雨就積水，學生如何安心學習？因此，大馬和緬甸志工獲得法師同意後，為其搭建了四間簡易教室。

二〇一七年五月，大馬團隊十三位經驗豐富的志工飛來，帶領緬甸男眾志工一起施作，短短四天內就搭好了簡易教室。他們還發揮巧思，把裁切剩餘的邊角料，重新拼裝做成課桌椅。不久後，十年級學生要上補習課衝刺考大學，晚上需要住宿，兩地志工又合力搭建四間宿舍。

十一月，緬甸人醫會來到村子辦義診，發現橡膠園雇工昂謬佐（Aung Myo Kyaw）夫婦的五歲女兒罹患先天性心臟病，必須轉去仰光大醫院就醫。勃固志工對小女孩呵護備至，多次陪同他們到仰光看診和做檢查，醫療及交通費全由慈濟支付。

昂謬佐夫婦非常感動，得知昂特帝寺住持法師在慈濟感召下，鼓勵學童日存米撲滿助人，夫妻倆也決定效法，並對橡膠園的同事宣傳，從一戶變十戶，累增至二、三十戶，至今已有五十多戶響應捐米。不生產稻米的割膠人家，卻能每日存下白米，讓慈濟人更感珍惜。

昂謬佐說：「我女兒有心臟病，慈濟人這樣盡心盡力幫忙，我們做一點點小事回饋，也是應該的。」妻子梅眉昂（Myo Myo Aung）也說，勃固的兩位師姊多參娣（Daw San Thit）和多肯丹密（Daw Khin Than Myint）提過，慈濟善款是集大眾所捐，一點一滴累積而來，所以他們也想出一把力。

梅眉昂本身就在山上出生，從小跟隨父母割膠賺錢，上學路途遙遠，要走一、兩小時才能下山，因此她只讀到小學三年級；也因對過往求學路辛苦，太深刻了，她對慈濟援助寺院學校的善舉更有體會。

在這座深山裏，像昂謬佐夫婦一樣在橡膠園工作的家庭不少，收入不多，老闆會提供比市價便宜的米賣給員工。但因交通不便，買鹽、蛋等，物價要比市面多出一倍，這樣的條件下，村民們還能響應捐米，實在不容易。

志工陳秀寶便稱，她以前很不懂事，到臺灣參加營隊向證嚴法師報告時，曾說過對緬甸農人日捐一把米的舉動不覺得感動；法師反問她：「那你們在仰光做得到嗎？」當場令她答不上腔。

後來，她接觸到瑞那滚村的農民，又到此地關心橡膠園住戶，終能體會到「那一把米」要持續地捐，需要多大的恆心和毅力。

村民們每天早起割膠，一些男人到了下午三點，還要進到悶熱的工廠製作橡膠片，裏面沒有電扇吹，又得忍受機器嗡嗡響聲。如此刻苦環境中，他們仍願意每天布施一把米，「光憑這些，就足以讓我大大懺悔啊！」陳秀寶說。

## 刻苦求學 走出大山

這天，我們來到昂特帝寺院學校，正巧一群學童人手抱著一桶米走過來，每桶足有兩公斤重，他們小小個子，大熱天從家裏走來至少要半小時，每個人都汗水淋漓。

將升上八年級的男孩索偉倫（Soe Wai Lwin）說：「捐米助人，我很喜歡！」他的父母也是以割膠為業，兼打雜工，家裏還有一弟一妹都在就學；索偉倫表示，他對機械有興趣，以後想當工程師。

坐在他旁邊的女孩欽巴巴飄（Khin Pa Pa Phyo），將升九年級，老師說她成績優異，名列全校前三名；她最想念醫學系，將來當醫師救人。

孩子們都發了宏願，師長也很鼓勵，但山上的孩子要跟城市的小孩競爭，必須得加倍努力用功才行。

乘著暑假回到母校教書的伊丁莎（Ei Thin Zar）和伊瑞欣（Ei Shwe Zin）兩姊妹，都是慈濟助學的孩子，姊姊伊丁莎就讀勃固大學植物系、妹妹伊瑞欣也念同校的生物系，他們的父母都在橡膠園工作，家中還有兩個弟弟及一個妹妹在求學中。

回想起幼年，兩姊妹清早就得爬起來割橡膠，姊姊負責割，妹妹拿桶子接，從兩點割到七點，之後回家沖澡、吃早飯，再匆匆趕到學校上課，那是一段很難忘的磨練。

山村的孩子，在艱苦中求學，努力奮發向上。烏阿伽達摩法師表示：「我最高興的是擁有很多孩子的大學畢業照，這樣就可掛在圖書館牆上，激勵其他的學生。」

法師強調，孩子們若能上大學，那是最好；就算不能，也要多充實自己，將來能成材，做個對社會有用的人，這是他辦學最大的心願。

橡膠園裏的許多父母，也懷有同樣的心聲。三十五歲的昂謬佐就說，當初是因橡膠園有賺錢的機會，他才從中部省邦跑來這座大山，並不希望三個女兒永遠困在此山中。「我們這代人苦也就算了，希望下一代能有出息。」昂謬佐說，他會盡可能栽培孩子讀書，讓她們靠知識走出去，勇敢追求夢想，開創屬於自己的一片天。

苦過來的山村人家，更懂得他人的苦。大人及小孩們手中的米撲滿，是他們所稱的小小舉動，卻是難行能行的善行回應！這座大山因有法師的堅持辦學，牽起了善緣，也點亮孩子們求學的希望，有如橡膠園的一盞明燈，照亮前程、翻轉命運。

# 造臺甘村建校記

「種田也需要學問。」這是丹茵鎮小村落造臺甘（Kyauk Taing Kan）農民們的心聲。偏僻的村子裏沒有小學，最近的榕尼（Yaung Ni）小學相距四點八公里；更糟的是，通往村外沒有像樣的路，孩子們得跨過狹窄亙長的田埂路，下雨天泥濘不堪，幼童上學需要父母陪行或背著，走一趟路要兩個多小時。

村民烏頂綏塢（U Thein Shew Oo）曾把孩子寄放在岳母家，讓他們就近上學，大女兒還能適應，兩個男孩就住不慣；為此，妻子每天清晨四點就得起來煮早餐，之後再由他陪著孩子走路去學校。旱季時，走一趟路，全身沾滿塵土；下雨天，即使打傘，全身還是淋溼，孩子們得多帶一套衣服去學校替換。

農婦多肯瑪艾（Daw Khin Mar Aye）也說，把孩子託給人照顧，大人牽腸掛肚，小孩也不喜歡，最後只好又帶回家。她家四名子女，丈夫全部背過，從幼稚園背到三年級，一直到孩子大一點可以行走無礙，才停止接送；多年來他背部承受太多壓力，肩膀和腰都受傷了。

將升上四年級的沙妮乃（Zar Ni Naing）略帶嬌氣地說：「我爸爸好可憐喔，都要讓我當馬騎！」

她的父親烏乃溫（U Naing Win）並不在意，覺得能讓孩子受教育，再辛苦也甘願。只是一到農忙時，把孩子送去學校後得趕回工作，放學時再去背回，連走兩趟路耗費四、五個小時，實在疲於奔命！

攝氏高溫三、四十度的天候、頂著驕陽徒步，肩上又負荷孩子，腳步更顯沈重，汗流浹背，汗如雨下，都不足以形容；萬一重心不穩，還可能摔倒，雙雙跌入田裏爛泥巴中。

也難怪九歲的沙妮乃會說：「我將永遠記住這段求學路，讓父母吃盡了苦頭，以後一定會報答他們的。」

## 全村動員縮短上學路

父母陪同孩子長途跋涉、或抱或背走著去上學，費時費力又影響農事。村民們於是有了啟建學校的構想，可惜苦無經費，學生數也只有十幾人，便宣告作罷；第二度，再有人提起建校，同樣因經費問題而止步。

二〇一〇年慈濟贈送給該村稻種，加上當年天候好、蟲害少，全村都有了好收成，建校之事才乍現曙光。

發起的老農人烏丁密（U Thein Myint）說，那年真是大豐收，每一畝田多收了十五至二十籮，價錢又比往年高出很多；緊接著，綠豆的收成也很好，是非常幸運的一年，眾人很快就籌到蓋學校的經費。

全村人約定，不論家中有無孩子就學，每戶以二十萬緬幣為基準，有能力者多捐，沒能力就少捐，大家都不計較。

村民烏頂埃（U Thein Aye）的孩子已經大了，但他不忍村裏的孩子和大人們如此奔波，捐出七百坪土地作為建校之用，那塊地價值七十八萬緬幣，大約是種稻兩年的收入。「看到別人受苦，我感同身受，因為我也曾這樣背過。」

但是，村民們以前只蓋過住屋，不懂得如何建校，便花了三萬元請專人畫工程圖，村人再按圖施作。男人負責砌磚、剷土、釘木板等粗活，女人則輪流採買和烹煮供膳食，小孩也沒閒著，他們幫忙搬磚塊。

二〇一一年二月動工後，在全村同心協力，慢慢地，梁柱架起來了，磚頭也漸漸堆疊上去，一棟建築物就在眾人齊力下，每天都有新的進展。但沒想到蓋到屋頂時，經費卻不夠了，這時，村民們想到向慈濟求援。

在此之前，慈濟人舉辦稻種回饋活動時，即耳聞造臺甘要蓋小學，得知建築經費出現困難，立即就援助一百多萬緬幣讓他們購買覆頂的鋅片，開學前還送上新的課桌椅以為祝賀。

施工三個多月後，新的小學落成了，平房校舍共八十呎長、二十四呎寬，分隔成五間課室，能容納一百多位學生；雖不算氣派，卻足堪使用。村民們都相當滿意，畢竟這是大家共同出錢出力、流血流汗打造而成；更重要的是，孩子們上學不用再走遠路了！

## 眾人齊力期望大未來

開學日，仰光省教育廳長、丹茵鎮長都來剪綵，慈濟人也應邀參加，一走近校門，就看見校長、老師、家長及學生們列隊迎接，場面非常熱鬧。

之後慈濟志工還帶去文具用品相贈，每份備有書包、練習本、鉛筆、橡皮擦等，都是學生上課的必需品，還特別送給校長及三位老師筆記本和文具。

當天飄著雨，每位志工肩上背了兩包禮品，道路泥濘又負荷重量，年長的志工得借助雨傘當枴杖，小心翼翼地往前行。

校長多丹丹特（Daw Than Than Htay）看到慈濟人踩著泥路來，十分感動！她說：「初見到慈濟人就有一分熟悉感，每次大家一來就對孩子們又摟又抱，可以感受是真心誠意在關心這個偏村。」

校長發願要認真辦學，讓這裏孩子不落後於城市。住在仰光市郊的她，當初得知要調來這所偏遠小學，並不排斥，反而很佩服村民們的建校精神。

我們到訪當天正逢暑期，校長卻把老師、家長和孩子們都召集來了，女孩們都盛裝打扮，戴上耳環、別鮮花，感覺好慎重。

有了新學校後，沙妮乃每天上學只需走二十分鐘，很方便；向來體弱多病的她表示，會用功讀書，希望以後當一名護理師；而她就讀大學的二姊蘇肅茂（Su Su Maung），則利用暑假免費幫二十幾位學習落後的村童輔導功課。

蘇肅茂畢了業，想去仰光市謀職；十六歲的弟弟，則嚮往翱翔天際，期望將來考上軍校，在軍中當機師或維修工程師。

這一家的孩子，個個雄心萬丈，父母也全力支持，真令人感受到教育帶來的希望；但同一村，卻有兩樣情，另一村民烏頂綏塢，卻因家中耕種沒有幫手，而必須犧牲長子的學業。

烏頂綏塢育有四名孩子，長女已結婚生子、么子六歲，因為家境不好，排行老二的兒子索敏烏（Zaw Min Oo），為了讓兩個弟弟能順利升學，他自己輟學了。

聽聞索敏烏在校時成績優異，志工蘇金國感到很心痛，詢問他：「如果慈濟資助學費，你是否願意再回學校上課？」

索敏烏推辭說：「我已經十七歲了，再回去上學會被同學取笑！」其父先是不發一語，後才稱：「我太太身體不好，他必須幫忙種田。」

回程時，是索敏烏駕駛拖拉機載著我們出村，車行在狹窄的田埂路，好幾次都快超出安全警戒線，但他總能機警地握好方向盤迅速調整，技術相當純熟。

當時在仰光開設華語補習班的蘇金國，臨別前特別把隨身的太陽眼鏡送給了索敏烏，可以感受到他為人師者的那分惋惜。

回程中，我腦海不斷迴盪著烏頂綏塢說的話，迫於家貧、他又請不起幫手，只好犧牲掉孩子的課業，作為一個父親，他也有百般的無奈啊！

烏頂綏塢說，慈濟給的稻種帶給他們大豐收；收成後他還留下十幾籮，準備下一季再種。「慈濟贈的是『福種』，這是好的根基，我希望將來的子孫，也能代代耕種，利用好土地命脈。」

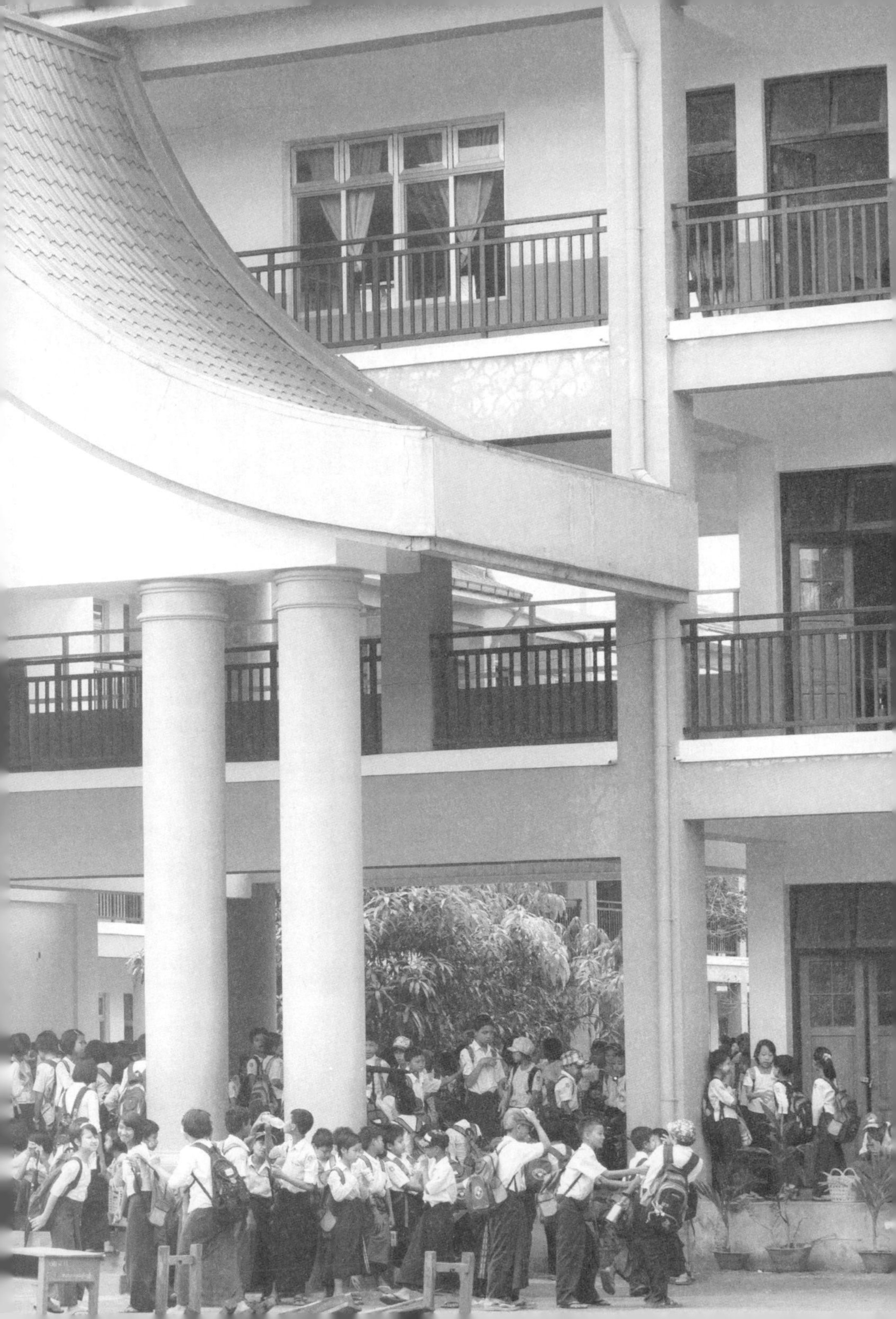

## 輯四

# 他日桃李成熟時

## 百年樹人的教育殿堂

納吉斯風災搗毀仰光市六十多所學校，緬甸總理探勘過頂甘鐘第四小學後，主動聯繫華人實業家林銘慶，請託協助重建計畫。

林銘慶的兄長做過宣傳部部長，與政府關係熟絡。他自身已認養援建兩間學校，便領著郭濟緣、劉濟旌、謝景貴等六名慈濟人赴學校勘查。

### 援建，分秒刻不容緩

六月十三日，眾人率先踏入頂甘鐘（Thingangyun）第四小學校地，觸目所及被風吹落的殘磚和鐵皮散滿校園，校內處處積水，建築物幾近全毀，師生們集中在僅剩的一棟長型教室上課；空間不足容納，部分學生被安置到鄰近一間寺廟上課。

三百多位學生肩並著肩，擠在一個大空間裏，七位老師同時開講，難免相互干擾。這種教學方式自然效果不佳，慈濟決定盡速援建。

七月二十五日，慈濟人再走訪馬揚貢第一高中。在當年的四月，該校就因電線走火，燒毀一棟教學樓；五月又遭逢風災肆虐，原已殘破的大樓更不堪一擊。

校長烏安吉（U Aung Kyi）敘述，二次世界大戰時，這裏曾是日軍與英軍的交戰處，戰爭結束已成一片焦土，善地瑪（Saidimar）法師不忍孩童失學，變賣財產帶著弟子捐建學校。一九四六年蓋好後，學生數激增，八年後移交給政府。後人為了感念法師興學，在校內供奉一尊他的雕像作為紀念。

風災過後，此校僅剩的一棟樓損毀嚴重，近三千名學生分成上下午兩部上課，卻仍發揮克難精神，收容來自伊洛瓦底省等地五十名受災學生，使他們不致中斷學業。

雅倫（Ahlone）第四中學為慈濟第三所援建學校，一八六四年由英國教會創立，紅色的建築外觀，還有一座大鐘樓，十足英式風格。在教育部副總監烏耶玖（U Aye Kyu）帶隊下，包括郭濟緣、陳濟任、羅誠護、李凱政等多位慈濟志工及王明德、林仲莌、廖年吉、曾粱源、朱章麟、陳仕榮等建築委員和營建處林敏朝主任，勘查得很仔細。

磚造的主建築體，在狂風中屹立不搖，但屋瓦、地板、梁柱等蒙受重大損壞。校齡已逾一百四十年，有一棟樓因年久失修，樓板、柱子等木結構都有白蟻侵蝕，被判定為危樓，一整排教室不能使用；大禮堂的外牆和屋頂，也不穩固，受災後搖搖欲墜，多數鋅片已生鏽，木地板遭受長期雨淋，也漸腐壞了。

校長多帖德姍（Daw Thet Thet San）指稱，校內五十九間教室，二十二間無法再用，兩千三百多位師生分成兩部上課。她很自豪，學校擁有優良的傳統，一百多年來已培育出無數優秀人才，大學錄取率高達七成，甚有學子遠赴新加坡南洋理工大學深造；體育方面也不遑多讓，板球校隊獲得的特大號獎盃就展示於校史館內。

## 設計，美觀更加防災

三所學校，各有其特點，慈濟在規畫建設之初，建築師都融入於設計理念。

頂甘鐘第四小學由臺灣建築師郭書勝設計，此校有四十四年歷史，學生數八百二十人，校方希望重建後可恢復到二十四間教室或再增加。經與校地內一住戶協調後，他們願意搬離騰出空間，成全學校擴建的願望。

這一區，很多家長都打雜工，從事木匠、泥水匠等。校長多妙善（Daw Mya Samn）表示，有時學生窮到沒帶午餐，老師看到了就分食；也有的家長早上剛領到薪資，中午煮好飯才送來學校給孩子，這都顯示該區經濟力薄弱。

大馬和緬甸志工先到學放發放文具給學童，一套含有鉛筆盒、鉛筆、蠟筆、橡皮擦、鉛筆刨、練習簿、尺及卡通蓋章等，這些都是孩子們學習的必備品；但在緬甸，有很多學生買不起。當天共發出八百六十五份，同時不忘為二十七位教師準備原子筆和筆記本。

學生們領到文具後，歡喜笑了，並紛紛舉起拇指點了點，向慈濟人表達感恩；校長也頒發感謝狀，由大馬志工葉淑美代表接受。她還叮嚀孩子們，要知恩圖報，說明文具全是來自全球慈濟人的愛心與證嚴法師的祝福。

馬揚貢第一高中所在地區，經濟也很弱勢。工程未進行前，志工們即帶著文具去跟兩千九百多位學生和老師結緣，及時傳送溫暖。

該校與雅倫第四高中，都由大馬建築師楊翼圖設計。楊翼圖成長於沙巴、沙勞越鄉間；初勘時，他看見孩童們涉水來上學，憶及自己年幼求學景象，備感心疼。

馬來西亞與緬甸過去同屬英國殖民地，亦多為熱帶雨林氣候，在建築法規及建材使用的用語極相似，免除許多障礙。楊翼圖帶著公司整個團隊過去，包括所屬建築師、土木工程、機械工程等專業人才及志工，全部人員在緬甸的食宿都是自付，十分發心。

「上人指示，要做百年的建築，所有避震、防震設施都要考慮在內。」楊翼圖說，新建築物要防風、擋雨，採光也要好，這是基本要求；但證嚴法師還強調，要抗強震。「緬甸鮮少有地震，上人卻全考量到了，非常有遠見。」

而對古蹟素有研究的大馬建築師黃木錦也前來協助，他指出，緬甸多雨、溼熱，故英國人在建校園時，會加長屋簷、增加屋頂傾斜度，並將走廊增寬到七至十英呎，讓教室涼爽舒適。

「如何兼顧古蹟保存與建築安全，使百年老校再現風華，這是校方與慈濟建築團隊最艱鉅的挑戰。」黃木錦表示，雖然學校整體是維多利亞式的建築，但也要因時因地制宜就學校的發展做變通與結合。

## 教育，仙女的綠寶石

二〇〇八年十一月，頂甘鐘第四小學率先動工。工程期間，不僅大馬職工林子靈長期駐守監工，臺灣慈濟營建處也常派同仁翁正哲隨建築委員王明德、廖年吉、林仲篪等人，不時飛往緬甸督察工程品質，他們對施工細節把關非常嚴謹，一發現有誤，立刻要工班拆掉重做。

同時，緬甸志工展開送愛關懷行動，每兩週就送去一次麵包、茶點、水果等給工人們享用，讓他們在烈日下工作，也能感受到一分清涼。

歷經七個月的工期，東、南兩向的教室先完工，二〇〇九年六月一日，學子們陸續揮別昏暗悶熱的空間，遷入通風明亮的新教室上課。九月十日，舊校舍走入歷史，學校升格為「頂甘鐘第四中學」，從幼稚班、小學部一到四年級、初中部五到八年級，一直到高中九、十年級，學生總數也從八百位增加到九百五十多人。

教師多欽珊茉（Daw Khin San Maw）說，以往學生小學畢業後，就得離家去別處上初中，如今終可連貫下去，窮孩子也不必因負擔不起交通費而輟學。

二〇一〇年三月六日，慈濟將頂甘鐘第四中學移交給教育部；次日馬揚貢第一中學和雅倫第四中學也隨之動土，前者分兩期工程，變成為仰光市規模最大的高中。

在雅倫第四中學動工典禮上，主持人出其不意宣布，多帖德姍校長有安排舞蹈表演以為答謝。當潑水節音樂「Myanandar」一響起，師生們翩翩起舞，舞姿曼妙、氣氛歡樂；校長還邀請貴賓們及慈濟志工也同樂，大家跳得好歡愉！

緬語字義，「Myanandar」是一個水池的名稱，「Mya」是綠寶石、「nandar」是仙女的名字。眾人沐浴在陽光下歡跳，猶如為希望工程帶來了暖陽，也許給孩子們一個美好的未來。

## 希望，由都會到鄉間

三所希望工程於二〇一三年六月全部完工、移交給政府；緊接著，林銘慶又引領慈濟人走入丹茵鎮，評估援建鄉村學校。

丹茵鎮，是慈濟重點援助稻種之處。在經由大馬和緬甸志工實地走勘，花蓮本會營建處及建築委員再做複勘篩選，敲定援建十二所學校、七十一間課室。這些鄉村學校位置都很偏僻，有些村還得搭小船、再靠人力接駁運送材料，施工起來困難重重。

負責運作協調的慈濟花蓮本會營建處主任林敏朝，自二〇一四年二月發包起，就常往來於臺、緬，穿梭在各處工地，處理各種狀況，並指導工程進行。

施作工法採用乾式鋼架結合鋼筋混凝土基座，屋頂和牆體填塞隔熱材，讓傳熱性降低，也達到抗震效果；基底座整個架高三十公分至一米二，就為了防淹大水；天花板的材料，則兼具安全與隔熱，又加開太子樓，可引風入教室幫助散熱，增加清涼度。

這當中，很多材料從臺灣、大陸、馬來西亞運送過去，入港後都靠林銘慶幫忙處理。林敏朝還請合作的營造廠找定居在臺灣中和的緬僑工程人員參與施工，讓他們有返鄉奉獻機會；而臺商志工溫斯郎也召來緬華青年組成工班，多數出自緬北，皆能用中文溝通。

五月正式動工後，不久雨季就來臨，施工人員浸泡在泥濘中施作，實在辛苦。林敏朝很感激那些緬華青年，一聽到慈濟要在偏鄉蓋學校，都很樂意付出。「工程期間，他們很多人都打地鋪睡在當地，工地環境很簡陋，卻甘之如飴。」

而在施工期，林敏朝深入各個鄉村，所見到的景致，也觸發他有更多的悲心。「看著緬甸鄉下孩子赤腳在泥地上走，我想起自己小時候，也是赤腳走路去上學，那時臺灣並不富裕，是之後才有鞋子穿。」這也讓他更認真督促工程，要給予孩子們一個堅固舒適的學習環境。

因為援建三所希望工程及十二所鄉村學校，並到各校發送文具，也讓慈濟人發掘到有很多窮苦孩子，繳不起學雜費、補習費，因而開展了「助學」行動。

證嚴法師期望，讓仰光的教育亮起來！緬甸與大馬志工都謹遵著師命，一旦遇到有心讀卻沒錢念的孩子，就予以補助，不使「窮」，導致孩子被迫休學。至今，已有四百三十位學子先後成為慈濟的助學生，他們之中的一些人後來加入慈青，投身公益、服務別人，從「受助者」搖身一變成為「助人者」。

## 瑟可蕾小漁村發放文具

碼頭邊，人來人往、搬貨卸貨，始終不停歇。這天，慈濟人又來到仰光河岸邊，準備搭船到對岸的瑟可蕾村（Satt Kalay）發放文具給學童。此一下鄉發放文具行動，自二〇〇八年起，迄今仍持續發送。

瑟可蕾村屬仰光市九文臺區，僅一水之隔，景致卻大不同，一邊繁華熱鬧、一邊貧窮落後，此地居民多從事漁業相關工作，如船伕、漁民、賣海產、扛冰塊、碼頭工人等，或是做苦力踩三輪車，經濟條件相對弱勢。

然而，在困頓環境中，還是有人奮發向上，晉身為白領階級，當上律師、工程師、銀行經理等令人欽羨的行業，即使占少數，也證明無不可能，讓人對這窮苦小村充滿了想望。

志工們出發前，先把自備的發電機、投影機、擴音器材和文具箱等搬運上船。大家排成一列，一個接一個遞送輕巧的物品，而像發電機這種笨重的龐然大物，就得五、六個男眾協力，才能順利搬動。

我走近岸邊，望向了遠方，河上船帆點點、移動緩慢，視線再拉近，停靠的舢舨多得數不清，一艘接一艘緊靠著，每位擺渡的船伕，皮膚都晒得黝黑發亮，看起來年紀雖不大，卻像是飽嘗了風霜。

隨著舢舨行進，馬達聲轟隆響個不停，約莫過了十五分鐘，終於上岸了。放眼所及，盡是用木板隨意拼湊或茅草搭成的屋子，錯落在一條水泥路兩旁，天氣炎熱，有男人打著赤膊，還有三、五孩童跳進河中玩水嬉戲！

一見到慈濟志工從船上搬下物品，村民們立刻跑過來承接，校方也出動老師們協助。走在長長的水泥路上，兩邊人家的生活一覽無遺，洗衣、沖涼、悠閒歌唱，雖住處破落，但人們顯得很快活。

## 贈送文具助學習

「明格拉巴！」穿著白衣綠紗龍制服的孩子們，整齊地列隊在校門口，充滿朝氣地向我們問候。學校牌樓上方高懸一塊木牌，寫著「道德、規矩、學業」的校訓，該校把「道德」列為第一，可見重視之程度。

按緬甸學制，幼稚園為學前教育，招收三至五歲的兒童；基礎到中等教育共十年，包括小學四年、初中四年、高中兩年。瑟可蕾學校共有一千四百多位學生，學級從幼稚園到初中部，但因教室不足，學生們必須輪流上課，幼稚園和小學讀上午班，初中部念下午班。

如此，學生人數仍超出負荷，一個班級多則百名，少則五十幾位，教室裏的長條桌，一張擠了四、五個孩子，手肘碰手肘，空間非常狹窄，但他們處之泰然，不以為苦。

慈濟發放文具的場地，位於一棟老舊建築的兩間教室。牽引慈濟來此的林銘慶表示，這棟樓近三十年歷史，是由臺灣、大陸、香港、泰國、馬來西亞等地的華商集資興建，他也是贊助者之一，多年來已造就出不少人才。

林銘慶提及，他有次到銀行領錢，經理主動上前打招呼，原來那位經理就是此校畢業生；更令他覺得，只要給孩子受教機會，未來就充滿無限可能。

緬甸的義務教育雖然免學費，但書本和雜費對許多家庭仍是不小負擔。二〇一〇年，慈濟志工就曾來此校發放文具，有些孩子已領過。二〇一二年底這次再來，對象是沒領過的幼稚班及中低年級生，文具包含筆盒、鉛筆、橡皮擦、尺、鉛筆刨、原子筆、圓規等，以及新書包，共發出七百五十份。

## 千里相繫心交心

比較特別的是，這一次所發的文具，全是臺灣花蓮慈濟小學的小朋友所捐助，每一份文具中，都附有一張小卡片，上面寫著祝福語。緬甸的孩子拿到後都相當開心，雖看不懂中文，但透過志工翻譯，都表達感激之情，並紛紛在紙上寫下字句或畫圖，以為致敬。

六年級的芮伊溫（Shwe Yi Win）寫著：「感謝臺灣佛教慈濟來布施，緬甸永遠歡迎您們，臺灣 I LOVE U。」同班的美雅達納吾（May Yadanar Oo）是畫了兩個小朋友手牽手的圖案，十分可愛；她說，這代表臺灣與緬甸是一家人。

「願，臺灣的小朋友跟父母團圓住在一起！」六年級的悠悠佐（Yu Yu Zaw）這麼寫著。志工好奇詢問，為何寫到「團圓」？沒想到她竟然號啕大哭，邊哭還邊說著：「我爸爸離家兩年了，他去泰國工作，連妹妹出生都沒有回來，我好想念他喔！」

原來，悠悠佐的父親去曼谷一間棕櫚油工廠當添柴火的伙夫，出國前妻子已懷孕，但他為了節省機票錢，至今沒回來看過孩子；而她的母親，在市場賣魚丸，大姊讀到九年級便輟學幫忙做生意，家中還有一弟一妹，前幾年日子過得很緊，最近這一、兩年因父親寄了錢回家，才好過一些。

悠悠佐背的布包老舊，也出現了裂縫，她說，這是大姊留給她的。當天她領到新書包後，非常高興：「它能夠耐重，就不怕背斷了！」

六年級的沈科科（Shein Ko Ko），兩年前領過文具，他說：「為了紀念，我還留有一本簿子、一枝鉛筆、一枝原子筆、一把尺和一塊橡皮擦呢！」

外表老成的他，已經十六歲，該是念高中的年紀，可他還在讀六年級。就因得過腦膜炎，休學一年多，復學後讀了兩年，又因家境困難再度休學，這一次是他第三度回到學校上課。不過，比起自己大哥，他還算幸運，大哥為了幫父母賣蝦，讀到九年級就輟學了，之後又赴馬來西亞工作。

志工告訴他，送給他文具的慈小學生，名叫「鄧博謙」，就讀三年一班，卡片上寫著：「這是我存了好久的零用錢，才買到的禮物，我希望你用了以後，會變得很優秀！」

這讓沈科科感動極了，他也提筆回覆：「我會善用這些文具，等我老了，也會跟子孫們分享這是來自臺灣的愛心，現在我只能用拜佛和念經回向給你，並希望下一世能與你相遇。」

好動人的字句！兩地的孩子並不相識，卻是透過文具的發放，在彼此心中產生了交流，且緊緊地牽繫在一起。

## 志為醫師或船員

從多位孩子的言談中，我發現到一個問題：為何好幾位都說，哥哥姊姊讀到九年級，就無法再讀了？

校長多欽特莫（Daw Khin Htay Maw）回答說，此地的家長多數靠打零工維生，家庭普遍貧窮，有些孩子連作業簿都買不起，好幾科寫在同一本上；還有人是鉛筆寫過後，用橡皮擦塗掉，再寫過一次，困窘情況可見一斑。

隨身幫我翻譯、就讀仰光第一醫科大學的慈青楊成彬，指出另一關鍵點——緬甸的學生若沒補習，根本考不上大學，一個月補習費動輒五、六萬緬幣，程度好的至少也得補三個月，像她就密集補習了十個月才考上；而她的表妹為了考醫科，更是連上三個家教班及外面一個補習班。

慶幸的是，她們家庭算優渥，若換成貧窮人家，哪吃得消！也因此，有很多孩子讀到九年級，自認沒錢補習，也考不上大學，就索性休學了；又或者以就業為考量，選擇念建教合作學校或函授大學，用半工半讀方式繼續升學。

在緬甸，還有一奇特現象，成績最好的學生會選念醫科；次之選擇航海系，以後當了船員，可遨遊四海、增廣閱歷，還可帶回舶來品販售，增加收入。

相比城市人，瑟可蕾這個小漁村更加弱勢，許多家庭沒有電視，這應是捐贈文具的臺灣孩子所難以想像。不過，也因環境單純、生活簡樸，所以說出來的話，也特別純真。

進行家訪時，隨孩童走回家，一位就讀幼稚班的小女生對緬甸影視職工王棉棉說：「我感覺送文具給我們的臺灣小朋友，應該長得很美吧！他們的內心善良，外表也應該生得很好。」

孩子的童言童語，說得很真誠，處於佛教國度，自小深受薰染，使她在幼小的心靈，產生美好的想像；「相由心生」或許她不會說，可心中就是這麼認為。

## 馬揚貢貧民窟的今與昔

擁擠、嘈雜、髒亂，住家一間緊鄰一間，空間狹小、巷弄又窄又暗，都快把人給窒息！排出的髒水一灘又一灘，流動緩慢，甚而靜止不動，蚊蠅到處飛舞，人潮穿梭不息，小販拉高音量叫賣粥品、油炸餅等小吃……

宛如印度電影《百萬貧民富翁》的場景，是過去仰光市馬揚貢區的寫照。這裏以前是貧民窟，現在蓋起一棟棟大樓，但窮人還是很多，然而人們天性樂觀，巷子口不時看見孩子三五成群踢著足球，男人也撩起籠基捲成一團綁在大腿邊，享受著玩藤球的樂趣。

## 帶動助學孩子去助人

二〇一二年，我第一次造訪馬揚貢，是潑水節前夕，緬甸人正忙著過新年，家家戶戶歡歡喜喜。慈濟人準備了紗龍布、糯米粉、西米露、糖、泡麵、香皂、牙膏、牙刷、洗衣粉、塑膠水桶等，送給每一戶照顧家庭，從吃、穿到日用品都有。

當時，一走進巷內，角落邊兩個男孩正在下西洋圍棋，其中一人剪個雞冠頭還染成橘色，走龐克風，人們戲稱那是「潑水節髮型」。英國統治緬甸六十餘年，沒能改變緬甸人的宗教信仰，倒在生活上影響了他們，足球、西洋棋、龐克頭都是英倫產物，如今風潮仍延續著。

來到助學生凱美芯（Khine Myat Zin）的家，她剛考上函授大學法律系，平時在百貨公司打工，週六和週日到學校修讀。其父是三輪車伕，母親幫人洗衣，賺的都是辛苦錢；小她兩歲的弟弟奈威堂（Naing Win Tun），早上到市場兜售報刊，半工半讀求學。

凱美芯讀馬揚貢第一中學時，校內清寒學生很多，慈濟援建該校，也將一些孩子列為助學對象。志工針對不同家庭需要，給予學雜費、補習費、生活費及白米等補助。

凱美芯是首波被援助的孩子，當年就讀八年級，每學期都考全班第一名。風災後，他們家傾斜嚴重，四面牆僅用簡單的塑膠布遮蓋，小小空間常漏水，夜晚難以入眠。慈濟資助凱美芯學雜費和補習費，又出竹片錢讓他們整修房子，之後也將奈威堂納入助學。

馬揚貢區住有幾百戶人家，多數以打零工為業。教育組志工為了拉拔其他助學孩子，請凱美芯幫忙輔導學習落後者，然後給予一點費用，藉以獎勵。

父親過世，母親賣油炸餅的芭芭屯（Pa Pa Tun）和妹妹，就是凱美芯輔導的對象。原先芭芭屯的成績總在及格邊緣，妹妹更糟糕，連算數都不會，幫媽媽賣油炸餅時總是算錯錢；經凱美芯教導幾個月後，兩姊妹都有進步，至少妹妹不會找錯錢了。

父母離異，被阿姨收養的芯瑪屯（Zin Mar Tun），是另一個課輔個案。她功課不好，也缺乏安全感，有凱美芯像姊姊一樣教導和關心，志工郭寶鈺也帶過她去盲人院關懷。她見到一位眼盲阿姨，剪起布卻比她整齊，十分汗顏！

## 觀機逗教平息紛爭

丹欣坡（Thant Zin Phyo）和畢松昂（Pyae Sone Aung）這對小兄弟，母親過世後、父親另娶，投靠了舅舅。舅舅也有小孩，卻將兄弟倆視如己出，很重視孩子們的課業。

每天清晨五點，住的小木屋就亮起暈黃燈光，兩兄弟及表妹三人起床溫習功課，這是舅舅為他們定下的規則。舅舅還把鄰居孩子邀來家裏寫作業，遇有需要背誦的科目，限定在時間內熟記，目的就為了訓練孩子們的專注力；遇有人背不出來，就給一張寫著「我很懶惰，我功課不好」的牌子，請他去遊街，這樣的激勵法，收到不錯的成效。

「小時候，父母沒錢讓我讀高中，必須輟學去打工，我很遺憾這輩子不能拿到大學文憑，就將希望寄託在孩子們身上。」四十七歲的舅舅還提供場地，讓郭寶鈺等志工進行每個月兩次的課輔，八、九位孩子擠在同一空間，儼然像個小型補習班。

「時間有限，我們不敢說課輔能發揮多少功效，但總要盡力去試試！」郭寶鈺說得含蓄，但課輔關懷確已帶起一些孩子的學習意願，同時潛移默化了他們的行為表現。

有次，丹欣坡和畢松昂兩兄弟吵架，舅舅勸告不聽，志工陳時寶便找來橡皮筋，叫他們一人拉住一頭用力拉扯，結果扯斷了！接著，他又把一個塑膠袋裝滿了水，然後故意戳破一個洞，讓水一直流下。

如此觀機逗教，十分有效，兄弟倆一看便懂，這是教他們要團結，兩人當場就握手言和、重歸舊好。

其實，兩兄弟也有志趣相投的一面，會一起踢足球，也一起動手把玩電器用品，共同的目標是當電子工程師。

丹欣坡在小學三年級，曾拆解舅舅用壞的手電筒，仔細研究線路走向，經過一番修整，手電筒竟能再使用；小他兩歲的畢松昂，雖沒哥哥機伶，卻很喜歡助人。舅舅說，他常幫社區的老人跑腿，到雜貨店去買日用品；郭寶鈺也觀察到這個孩子很有善心，參加慈濟的「見苦知福」活動，遇到手腳無力、身體殘缺的男孩，會主動握住對方的手，協助他把字寫出來。

## 有緣相遇就陪走一段

所謂「見苦知福」，是教育組志工利用暑假策畫的一系列體驗活動。他們帶著助學生深入農村、盲人院及對慈善個案進行關懷，從中觀摩和感受，如住城市者藉由下鄉割稻，體會「粒粒皆辛苦」；家庭破碎的孩子，目睹盲人生活之不便，就懂得愛惜生命。

當中，如芭芭屯和妹妹，看到被火燒傷的恩恩翁，每天一早起床，要幫奶奶做好多家事，才能去上學，成績還維持不錯，她們感到無地自容，就知道自己該加緊用功了。

教育組志工多僅二、三十幾歲，腦筋動得快、思路也靈活，常創造出很多意想不到的情境。古靈精怪的德德（Thae Thae），會利用遊戲、戲劇表演、說故事等方式，將「靜思語」融入活動中；簡梅梅擅長搜尋網路相關主題影片，下載後配上緬文字幕，透過聲光效果，讓孩子們把故事記得更牢。

德德當年還在讀大學，她是緬甸的第一位慈青。一開始，媽媽鐸山定（Daw San Tint）邀她參加慈濟活動，必須以利相誘，用一千緬幣做代價，她才肯來。

有一次，德德跟隨郭寶鈺去拜訪一戶助學生，走到半路突然下起大雨，雷電交加，嚇得她事後對郭寶鈺說：「我再也不要參加訪視了，好恐怖！」

郭寶鈺請她閉上雙眼，仔細想一想：「我們幫助的孩子，是不是過得很苦？再想想你從小到大，不愁吃和穿，如果我們不去關懷，又有誰能幫助他們呢？」

一語驚醒夢中人，從此德德不再畏縮，而是主動參與，也不需媽媽給她錢了。

儘管，最初教育組輔導的助學生，考上大學者微乎其微，郭寶鈺難免感到挫折；不過，她退一步再想，一路上看著孩子們成長，有人有好的歸宿，有人雖沒能上大學，卻找到不錯的工作，人生路並沒有迷茫。

而像凱美芯，她沒讀完大學，就嫁了人。現今與弟弟奈威堂，一在金飾店學鑲刻技術、一在電訊公司上班；家裏的茅草屋，已改建成大樓，屬地主的他們與建商各有一半產權，住的房子有水、有電又有隔間，他們覺得很舒適，也不必擔心下雨會漏水了。

馬揚貢這一區，昔日的貧民窟，已翻天覆地在改變，新大樓一棟棟矗立，縱然其間還夾雜著一些茅草屋，卻教人快忘記它從前的模樣了！

從髒亂不堪到煥發成嶄新風貌，新的建設帶給人希望，但仍有很多隱身的暗角，等待著人們去發掘。慈濟的助學工作仍有得忙呢！培植孩子，使其成為未來社會的棟梁，這目標尚有一大段長路要走。

## 佃農子佐苗醒苦讀翻身

納吉斯風災過後，慈濟在礁日鎮廣發稻種，渡河來到達達村（Dadar）時，聽聞一戶佃農的兒子考上大學，卻沒錢註冊，於是請人帶路去探訪。

佃農之子名叫佐苗醒（Kyaw Myo Zin），高考分數足以錄取熱門的工程科系，他卻說：「我想念師範學校，希望將來可以當老師，回到農村教貧窮的孩子讀書。」

志工們為他願意高分低就、回歸故里服務的想法所感動，主動提出要負擔他的大學費用；佐苗醒反倒猶豫了，骨子裏的自尊，讓他拒絕了這群陌生人的好意。後經父親一整晚的勸說，他才點頭接受。

### 省吃儉用 夜夜苦讀

順利進入仰光師範大學教育系就讀後，志工丁瑪特代表慈濟為他租下學校後面的宿舍，月租費一萬緬幣，隔年漲了五千。

不算大的通鋪擠了七名學生，狹隘的角落鋪一張草蓆，所有用品衣物全收納在一個陳舊的鐵箱裏，僅容一人躺下的空間。佐苗醒睡覺和溫習功課都在草蓆上，夜晚靠著微弱燈光，夜夜苦讀；若室友想早點休息，他就跑到屋外，借著路燈繼續讀。

為了節省開支，他一天只吃兩餐，飯菜多半自己煮，頂多一樣菜，有時來不及煮，才去學校食堂吃自助餐。吃著吃著，秉性純良的他，還幫老闆整理環境，遂牽起兩人的一段緣。

食堂老闆除了賣餐食，也經營房地產，他見佐苗醒勤奮、乖巧又老實，能夠信賴，便想找他在課餘時幫忙處理帳冊、向客戶收款，再給他酬勞。

那時，小佐苗醒兩歲的妹妹，也剛考上丹茵大學化學系，同樣面臨學費無著的困境。慈濟願意同時資助他和妹妹學費，但佐苗醒不想虧欠慈濟太多；當他同意為食堂老闆辦事有了收入後，便不再領取慈濟的助學金。

## 抽絲剝繭 理出心緒

直到佐苗醒留級了，無法順利畢業的訊息傳到慈濟人耳裏，大家才驚覺事態嚴重；大馬志工葉淑美相當著急，她立刻趕到緬甸關心。

葉淑美耐心傾聽佐苗醒所說的每一句話、每一件事，試圖理出當中的癥結點；面對這位昔日對他呵護備至的長輩，佐苗醒鬆解了心防，娓娓道出一年來所發生的事。

葉淑美理清楚頭緒後，擬定了處理方針。首先，她問佐苗醒：「你還記不記得當老師的初衷？」佐苗醒面露羞色，繼而斬釘截鐵地說：「沒忘記！」

「當初你寧可放棄念工程而讀教育系，所為何來？十年樹木、百年樹人，志向要堅定啊！」短短幾句話，就敲開了佐苗醒的心扉；葉淑美又繼續說：「你想當老師教窮苦的孩子，我們很感動，代表你很有情、知道要回饋，若半途而廢，不是很可惜嗎？」

頓時，佐苗醒紅了眼眶！他決定回去找老闆商談，把內在的心聲說出來。

老闆起先認為，從商也可以有作為，並表示要全力栽培他。這對佐苗醒來說，真是一個難題，老闆不僅讓他住進城裏的家，還把丹茵一塊農地免費給他的家人使用，讓他們在上面蓋農舍和種稻，收成的稻穀全歸他們所有，不必付任何報酬。

面對這樣的恩情，佐苗醒著實傷神；若選擇自己的志願，就擔心辭掉工作，父母得搬回老家住，過著原來的苦日子。

左右為難之際，明理的父母告訴他，不需為家人考慮，只問對不對得起自己的良心。這給佐苗醒很大的勇氣，他向老闆坦露想法，希望得到成全。

老闆一聽，決定放他走，還表示農地仍一樣無償讓他們家使用。

一切都進行得很順利，佐苗醒只剩論文完成就可畢業，葉淑美便邀他白天到慈濟聯絡處上班，負責教育相關庶務；晚上和假日，他則繼續做研究、寫報告。如此一來，他有了收入，可以負擔自己生活，也不必為了拿助學金而心有罣礙。

這樣的提議，佐苗醒同意了，在老闆找到新幫手後，他即刻來聯絡處報到。其實，在此之前，他就常來幫忙，與慈青們一起探訪農村、貧戶、盲人院等，成績優異的他，還幫其他助學生課輔；聯考將屆，也協助他們溫習模擬考題。

## 人助自助 走出天地

大學畢業後，佐苗醒雖沒回鄉當老師，而選擇留在城市一家民間企業上班，但對於慈濟及老闆的栽培之恩，仍是銘感在心。

爸爸說，兒子縱使沒當上老師，也選擇了一條正路。「我和太太都沒讀過書，只能種田，希望兒子有所成就，做什麼都好，只要是正途，就勇敢去做吧！」

媽媽則期望兒子能繼續發揮愛心，幫助社會上需要的人；將來若事業有成，也莫忘自己是窮苦出身，對於弱勢者一定要予以扶助。「我並不想兒子一定賺大錢，只要做有益於社會和人群的工作，我就會以他為榮！」

慈濟人見到佐苗醒能腳踏實地、步步往自己的目標前進，縱然不在眾人的跟前；但成功了，會為他鼓鼓掌，也讓他知道一直有人在關心。

苦讀出身，佐苗醒是佃農的兒子翻身之一大例證，也是慈濟在緬甸幫助的第一位助學生。因為有他為範例，志工們在教育助學這一條路上，走得更有信心，也更有力量了。

## 單親兒森明度知恩圖報

「時間讓人成長，歲月使人成熟。」用這段話來形容森明度（Shein Min Thu）是最貼切的了。

現年二十三歲的他，小時候長得瘦小乾扁，靦腆又缺乏自信，但一對深邃的眼眸炯炯有神，讓人印象深刻。

如今，他挺拔結實、儀表堂堂，講話鏗鏘有力，展現出不凡的氣度和企圖心，對家庭有擔當，對未來有規畫，對於行善助人也不落人後。

### 全力衝刺　無後顧憂

森明度是慈濟早期的助學生，十四歲、八年級起接受學費及補習費補助。當年他就讀馬揚貢第一中學，成績優良，卻苦於家境清寒，而被老師提報給慈濟。

森明度出自單親家庭，從小缺少父親呵護，全靠母親含辛茹苦一手帶大，以致他有點自卑內向。

他們母子與外婆及舅公同住在馬揚貢區政府提供的宿舍，木板房裏擺設簡單，無甚長物。我們第一次去拜訪時，母親多欽丹吾（Daw Khin Than Oo）一見到客人來，立刻將頭髮挽成髻，很有待客的禮儀。

多欽丹吾談起過往的痛苦經歷，與丈夫離異後才發現自己懷孕，孩子又早產，醫療費用龐大，她的母親把家裏值錢的東西典當，又向鄰居借錢，才能清償醫療費。

為了還債，多欽丹吾的母親又去一家皮革工廠當作業員，成天忍受刺鼻難聞的味道，後來多欽丹吾也到那間工廠上班，才感受到那氣味有多麼難聞。「那段日子真是太難為媽媽了！」

早產兒很難照顧，好不容易養到七個月大，愈長愈健壯，多欽丹吾才敢出門打工。其母是上早班，她上下午班，母女輪替照顧孩子。她又陸續做過洗衣、打雜、顧店兼幫老闆帶孩子、大樓清潔員等工作，辛苦支撐家計。

儘管日子過得艱苦，但多欽丹吾從不犧牲兒子的學業；令她欣慰的是，森明度的表現一直很傑出，年年獲頒獎狀。班級導師就很賞識地說：「他會教其他同學功課，也很熱心助人，我從未看過他跟人吵架，是很有修養的孩子。」

受慈濟幫助，森明度每到暑假都會隨志工訪貧。出門前，必定向母親報備；參加完活動回來，也會跟母親和外婆分享，兩位長輩都很鼓勵他行善。

「做好事，就會有功德。」這是緬甸人慣常的思維，也是多欽丹吾所認定，「功德」這兩字如同信仰一般，牢牢地嵌入了佛國人的心底。

多欽丹吾還告誡兒子：「你以後要當別人的『老師』，而不是去叫別人『老師』。」意思是叫他要成材，不要像她一樣只能做底層的勞動工作。

森明度明白母親的期望，讀書一點都不敢懈怠；升上十年級、面臨高考時，更是盡全力衝刺。期間，慈濟支持補習費，使他無後顧之憂；接近大考前，又請課輔老師出模擬考題，當時就讀大學的佐苗醒也來監考，森明度的測試成績相當不錯。

「他每天都讀到半夜才睡覺，又很早起來繼續讀；那天他來參加模擬考時，我們嚇了一大跳，他的黑眼圈好嚴重，整個臉都瘦了，好像老爺爺一樣。」志工郭寶鈺回憶當年情景，直說森明度真的很拚命！

考完高考後，森明度拿到三科優等，雖然上不了他心目中的第一志願航海系，卻錄取到不錯的工程大學，這讓大家都振奮不已！

「在那一批助學生中，他是考得最好的一位。」負責教育關懷、長期陪伴助學生的郭寶鈺很是欣慰。

## 不忘初心 感恩回報

二〇一二年六月，森明度一獲知成績，七月就報名參加慈青活動，跟著教育組志工去關懷其他助學生。

「看到那麼多困苦家庭孩子的處境，我就覺得自己很幸福，起碼家裏有媽媽頂著，舅公也不時接濟，經濟上不用我操心。」森明度還感恩學費和補習費都有慈濟幫忙，他才可專心讀書，如願考上大學。

一路奔波至丹茵鎮許多村落，探訪一村又一村的助學生，坐在小卡車上，路面凹凸不平，每個人的身子都搖晃個不停，晃到講話都要大聲嘶吼，對方才能聽得清楚。

在車上，同行的一群慈青談笑風生，絲毫不感覺疲憊，唯獨森明度陷入一陣沈思，眼神飄向了遠方；而路經每一座佛塔，他都雙手合十禮敬，非常虔誠。

問他為何這樣做？森明度說：「我身體一向不太好，媽媽時常對佛菩薩祈求，保佑我能平安。」說完後，他又指著頸上的一條佛飾項鍊，表示這是大考前，媽媽特地去佛寺求來給他配戴的，就是為了祈求他考試順利。

森明度說，他最大的心願是趕快承擔家業，讓媽媽不再那麼受苦。原先他打算讀航海系，將來可當遠洋船員，周遊列國、增廣見識，也可賺更多的錢改善家境。雖然事與願違，他也不失望：「以後當工程師，同樣有前途。」媽媽也安慰他：「不管你選擇什麼行業，我都會支持你。」

時光荏苒，森明度已大學畢業，到一家空調公司上班，閒暇時他不忘初心，以慈青學長身分帶領學弟妹們成長。

他和同齡的伊夢丹（Yi Mon Than）都是早期的助學生，這兩位慈青學長，一位在民間公司服務、一位在慈濟聯絡處擔任職工，很多活動，他們都是走在前頭的執行者，郭寶鈺則樂於在幕後當推手。

「看到他們成長到能獨當一面，我很高興，擔子也卸下不少。」郭寶鈺說，從前是幾位大馬志工葉淑美、劉慈君等人領著他們本地志工往前走，現在他們也要扮演促進者的角色，讓這些新生的菩提幼苗能快速成長。

## 帶頭領導　推動善行

「我記得第一次被推上臺去講慈濟理念和分享個人故事時，心情好緊張，特別是當天身體有點不舒服！」郭寶鈺談起她首次上臺的經歷，講話略顯顫抖，到後來愈講愈順，也對自己有了信心。

相同的，森明度剛上臺演說，也曾膽怯，尤其他平常喜歡獨處，並不習慣處於人群中。但一次又一次的訓練，到進入大學後，每次只要老師一喊有誰可以出來領導大家做事，他總是第一個衝出去。

這一切的改變，是時間慢慢的淬鍊與積累。而隨著緬甸政經改革開放，青年學子個個擁有手機，隨時可以透過網路平臺接收外面的新資訊，森明度的眼界變寬了，知識也增多了。

善於觀察社會脈動的他，意識到國家正大步發展，自覺讀的機械工程很有前景。站上了舞臺，森明度正準備揮灑自己的天空，他想對家庭盡心，存錢買房子讓媽媽、奶奶及舅公安居；對慈濟志業，他也立定志向，要培訓當委員。

事實上，身為慈青學長的他，凡事都身先士卒，比如到瑞那滾村幫社區的圖書館裝修門面、添購書籍，讓鄉下的孩子能增加知識，這活動就由他發起；再如分享學習經驗，幫助其他助學的學弟妹，就是他提攜後進的表現；而對慈濟的活動，從企畫到執行，也是他和伊夢丹一步步帶著大家做，到現在他甚至可完全放手，而退居諮詢的角色。

森明度強調，教育和環境的薰陶非常重要，「我因為接觸慈濟，接受學雜費補助，才可安心學習；也因在這良善的環境成長，品格得到端正，也培養出助人之心，不會走偏了路。」

森明度說，他看過一個「老人與海星」的故事。大意是說：在海邊，每當浪潮來時，總有成千上萬的海星被捲到沙灘上；當潮水一退，海星就在垂死的邊緣掙扎。老人見了不忍，他彎下腰一一拾起海星丟回海裏。旁人笑他傻，說那麼多海星永遠也撿不完！老人卻說：「每撿起一隻海星，就是挽救一條生命，能救多少就要盡量救。」

這個故事，帶給森明度很大的啟發，如同做志工，有著非比尋常的意義。「多救一個家庭，社會就能多一分安定力量，況且誰又能預料，或許經由這樣拉拔長大的孩子，有一天能出類拔萃，成為社會的中堅分子，也說不定。」

森明度這一番話，再對照自己走過的來時路，彷如也是他親身的經歷啊！

## 慈青學子展風華

前往農村的路上，兩部拖拉機改裝的卡車緩緩而行，前方一部搭載的是男慈青，後方是女慈青，兩車都擠滿了人，大家抓緊鐵欄杆倚靠在一塊，上頭沒有遮蓋，女孩們紛紛打起傘來遮陽。

鄉村的黃土路，行駛中震盪不已，車行而過揚起的陣陣塵沙，吹得每個人頭髮全染成黃灰色。陽光炙熱，曝晒在全身，熱到皮膚發燙；空間很窄，人人身子相互碰觸，逼出了一身汗！

這一趟路，搖搖擺擺一個小時，車行途中碰到上坡路段，前面卡車熄火了，一群男生立刻下來幫忙推車。明明一趟路走得很辛苦，可大家都很歡喜，還覺得是一種享受呢！

### 親身體驗　見苦而知福

這是緬甸教育組志工為助學生們規畫的「見苦知福」體驗，他們利用假日和暑期帶領青年學子去農村、老人院關懷或對鄉村孩子進行「靜思語」教學。

二十歲的男孩杜密乃（Htoo Myat Naing）即說：「我很喜歡到鄉下，那裏有清澈的河水、金黃色的稻田，以及最熱情的村民，這些都讓人感到心曠神怡。」

杜密乃住在仰光達克鍇區（Tharketa），那是有名的黑區，住戶很複雜，一般收入都不高，社區內常見有人喝酒、打架、鬧事，外人都不願踏入。

二〇一一年底，慈濟人到他們學校發放文具，當時七年級的他，因成績優異、家境卻清寒，而被老師提報成為慈濟的助學對象。倏忽八年過去了，他現在已是大三生，每學期依然接受慈濟的補助。

杜密乃的父親是木匠，姊姊在蛋糕店打工，母親幫人縫衣賺點零用，生活大抵過得去，只是他每學期的學費和補習費高昂，非家人所能負擔。「學費四萬多，補習一科每個月三萬，兩科就六萬，一次加起來要十幾萬元。」媽媽說，要栽培一個孩子很不容易，幸虧有慈濟幫忙，否則真不知該怎麼辦？

大學聯考時，杜密乃的數學、物理及生物三科優等，錄取丹茵大學土木工程系，讓父母也很感驕傲。

他還有一項特點，是手很靈巧，很會做手工藝品，也擅長畫圖，家中有個相框就是他把吃完的冰淇淋外殼裁切，再用幾片竹片固定，組裝而成；另外，他也會用色紙摺星星、蝴蝶等，相當有美學概念。

當慈濟去瑞那滾村舉辦浴佛典禮時，浴佛臺裝飾的花卉及周邊海報布展，就是由他設計。志工媽媽曾麗珠帶他做過一次後，接著幾年就由他接手布置，因應緬甸經常下雨，海報採用不織布材質；又擔心起風吹落，就在背後黏上一根竹子，以增加重量。

還有，該村的圖書館，當初慈青們在籌募書籍、規畫空間時，是他巧手用厚紙板做「書擋」，把圖書分類區隔；而到老人院關懷，事前他就帶著一群慈青摺紙星星，總共摺了兩百顆去送給長輩們，以博得歡心。

相對於杜密乃的靜態表現，好動的尼杜亞（Nay Thura）則喜歡拍照、踢足球。

他與杜密乃同齡，也住在達克鎝區，但他不如杜密乃幸運，有個美滿家庭；尼杜亞的出身背景很坎坷，他是個棄嬰，被一位獨臂婆婆扶養長大。

他一出生就遭父母遺棄，一位工廠老闆收養他，並請獨臂婆婆照顧；但後來老闆也不要他，就由婆婆領養，她的年紀都可當他祖母了，可從小他就叫她「媽媽」。

這位身體有殘缺的媽媽，有兩個親生女兒，可她對尼杜亞卻百般呵護。兩個姊姊很早就輟學去工作，他卻能一路升學，媽媽對他的疼愛，是連衣服都捨不得讓他洗。

尼杜亞自幼功課不錯，但家裏窮，還是對他求學造成影響。他和媽媽靠姊姊及姊夫支應生活，但他們都打零工，收入並不穩定；當他要升五年級時，媽媽實在拿不出錢讓他繳學費，便對他說：「你暫時休學一年吧！」為此，尼杜亞大哭了一場；後來有位好心鄰居借給他們四千元，才讓他趕上註冊。

隔了一年，他就被老師提報成為慈濟的助學生，這一補助已九年了。

尼杜亞目前就讀丹茵大學物理系二年級，他喜愛摸機器，在團體出勤時，都拿著照相機拍照記錄。起源是有次臺灣慈濟技術學院的師生到緬甸交流，影視職工王棉棉忙不過來，就教他使用相機；後來岱枝和莫比鎮發生水患，他跟著去救災也負責拍照，很多善的足跡就這樣被記錄下來。

其實，尼杜亞很早投入做志工，八年級的暑假就參加「見苦知福」行列；慈濟援建鄉村學校，他也隨行家訪及發放文具；再如到盲人院關懷、跟隨志工去火災現場慰問受災戶及發放物資。一路走來，他的成長軌跡等於是與慈濟相伴隨，見識多、感受也豐富，他認為這都是當學生學不到的，特別感到珍惜。

「深入苦境，看到世界上的殘缺，我才了解自己是有福的人。」尼杜亞說，他雖出身孤兒，但如今有媽媽、姊姊、姊夫等親人的關愛，物質上或許不足，可精神層面他毫無欠缺。

看著兒子在慈濟團體中獲得成長，媽媽也覺得滿意：「只要聽到他說要去參加慈濟活動，我就不過問，因為知道是去做好事，就算晚回家，我也很放心！」

## 各展所長 受助不卑亢

住在馬揚貢區的恩薩基薇（Eaint Zar Chi Nway），之前就讀馬揚貢第一中學時，經由當區訪視志工提報，變成慈濟的助學對象。

恩薩基薇的父親很早就外遇離家，大哥十四歲去緬南當兵，定居在那邊娶妻生子，很少回來。母親為了維持生活，帶著她和姊姊改嫁；再婚後，媽媽又生下一子，不久，繼父卻罹病過世，致使家庭再度陷入困頓。

她的媽媽幫人洗衣，每天賺不到臺幣四十二元，姊姊被迫休學到塑膠袋工廠工作。就在二〇一一那年，她也差點休學，是助學生凱美芯的母親將她轉介給慈濟，從此才接受補助。

「當時，姊姊已輟學在先，弟弟又將上小學，若沒慈濟及時援助，我早就念不下去了。」恩薩基薇說。

環境使然，這個女孩比別人早熟，也更有責任感。以往七、八、九年級暑假三個月，她都跟姊姊去工廠裏做工，賺錢貼補家用及支應讀書費用；後來，教育組志工郭寶鈺認為，與其讓她到外面打工，不如找她到聯絡處幫忙，給她一些收入及交通費。

恩薩基薇很有回饋心，她只領取一部分錢，其餘的全捐出來。在聯絡處裏，法音組志工張敏真每天翻譯繕打證嚴法師的開示，恩薩基薇就協助打字；或是幫大學姊、也是助學生出身的同仁伊夢丹，一起企畫活動、製作簡報；只要她一來，第一件事就是拿起掃帚打掃環境，把會所當成自個兒家那般愛護。

恩薩基薇與同讀德公大學的特特溫（Htet Htet Win），兩人感情很好，常聚在一起討論活動，激發創意、設計遊戲，也一起規畫「靜思語」的主題教學。

特特溫是從慈濟援建的頂甘鐘第四中學畢業，她自八年級就接受補助學雜費，爾後再給予補習費，求學之路才得以順遂。

這兩位女孩，一個活潑大方、一個內向文靜，形成很好的互補。在活動中，經常是恩薩基薇站在臺前負責帶動，唱跳和比手語；特特溫就融入群體中，陪著大家一起玩。

長她們兩、三歲的慈青學長伊夢丹便說：「恩薩基薇善於溝通，也用心學習；特特溫很有想法，常有突發的點子。很多時候我比較要求完美，企畫案會要她們一改再改。」

對於大學姊的指導，兩人並不感覺厭煩，反而感激她願意傾囊相授，幫助她們成長；大學長森明度提供的意見，她們也會採納，總覺有畫龍點睛之效，更能把活動的意義表現出來。慈青系統，就這樣有了很好的傳承。

在老人院的關懷行動，即可看見這一群年輕學子，個個化身為歡樂的散播者，在臺上又唱又跳，帶動長輩一起比「幸福的臉」、「愛與關懷」等手語歌；走到臺下，又見他們幫老人家按摩，與之聊天解悶，氣氛非常融洽，有如祖孫那般地和樂。

「看著爺爺奶奶被按摩時的舒服表情，我很慚愧自己從沒幫媽媽捶過背！」「有位奶奶知道我被祖母帶大，告訴我一定要孝順！」「當我把摺的紙星星送給一位爺爺時，他很高興說，會放在枕頭下，好好珍惜。」慈青孩子們在分享心得時，有人笑臉滿溢、有人激動落淚，雖說是在服務別人，卻也彷彿照見內心深處，自我省思一番。

而到農村的經歷，也帶給他們很大的收穫和觸動。

杜密乃心有所感：「我以前對農村的概念是從課本讀來，親身去走過後，才知道路有多難走、農民種田有多辛苦，還有孩子夜晚讀書沒燈光照明，只能點蠟燭！光憑這一點，我就感覺自己幸福多了。」

尼杜亞見識到團隊力量強大，他幾次跟隨志工們去發放稻種，驚訝於那麼大的範圍和數量，竟然幾天之內就能發完。勘災時，大家踩著泥路走，他們小輩還會覺得好玩；但對年長的志工，每走一步都很困難，卻仍奮不顧身地往前行，這就教他感到佩服！

個性有點小迷糊的特特溫，愛心卻百倍，每次去農村總會遺落雨傘、髮夾之類的東西；其實，她的傘是讓村民遮雨回家了，小髮夾則幫頭髮散亂的小妹妹夾上帶回去。

## 刮目相看 慈青成長了

這一群慈青去到農村，真是使出渾身解數在付出。如舉辦浴佛節，前一日就跟著委員志工走訪各村去宣導，鼓勵大家來參加活動，並拿著海報大力開講。當中最特殊當屬烏善丁的女兒欽雅達娜登（Khin Yadanar Thein），她也是慈青，卻一向沈默寡言；但當要宣講時，也能滔滔不絕，這讓許多看著她長大的村莊長輩，都感到驚奇！

到了真正的浴佛典禮，一群女孩還在戶外擺放幾張桌子，讓小朋友用蠟筆和紙來畫父母的形像，以表達感恩；並請孩子拿香楝樹粉幫媽媽塗臉頰，那種香粉抹上去會感覺清涼，據說還有防蚊和美白效果呢！

杜密乃負責布置會場，尼杜亞與另一女孩被選為司儀，他就把拍照工作轉給慈青夥伴票伯昂（Phyoe Pyae Aung），大學姊伊夢丹做音控，有人則專責引導、有人跟民眾互動，幾十位慈青，再加上十多位委員慈誠，就把浴佛典禮辦得莊嚴有道氣。

多年來一直陪伴著助學生的郭寶鈺，內心可說是百感交集，她談到：「過去，若扶助的孩子，一再補習卻考不上大學，我就會很失落，總覺得對不起馬來西亞辛苦募款的志工們，現在總算是苦盡甘來了。」

郭寶鈺說，慈濟在緬甸的助學標準，是成績優良、家境貧寒，或是有心讀卻沒錢念，只要有機緣碰到，就給予補助學雜費或補習費，總之就是不放棄任何求上進的孩子。

除了學科補助外，當助學生考上大學，教育組還會籌謀在假日或暑期，讓他們去補習英文和電腦。郭寶鈺認為這對將來就業很有幫助，若兩項都專精，就比別人有競爭力；而若孩子想學藥劑或護理，他們也會支持，因有了這特殊技能，就很好找工作。

不僅學業重視，教育組也注重孩子的人格涵養，藉助委員、慈誠的力量來關心這些孩子。其中如江相賢、羅達民兩人就扮演「慈誠爸爸」；劉素英、黃秀志、許美美、王夢蘭、葉碧珍等人，就像「懿德媽媽」；而郭寶鈺與德德、黃倩倩，則是「姊姊」的角色，透過陪伴，讓孩子們不因社會風氣的轉變而迷失方向。

郭寶鈺會這麼想，是隨著緬甸快速發展，外來的流行文化也進來了，好的、壞的都有，孩子們不懂得過濾就容易迷惘。面對日漸長大的慈青孩子，她和德德，經常一個扮黑臉、一個扮白臉，鬆緊之間拿捏要得當，才不會讓他們活潑過度變成放縱，這是必須嚴守的。

「我很喜歡穿上慈青制服，出門時若遇到鄰居好奇詢問，我都會指著衣服說：『我就是被這個團體所照顧，現在我也要出去幫助別人。』」恩薩基薇覺得當慈青是種榮耀，也感到自豪。

特特溫常對家人展示她參加活動的照片，媽媽極為讚賞：「我女兒變成熟了，不像以前那麼羞澀，而能像大人一樣處事。」奶奶則愛看孫女綁著兩條辮子的模樣，她說：「女孩子就應該如此，看起來比較端莊。」

票伯昂的媽媽更因認同慈濟，而參加志工培訓。在那之前，票伯昂所讀的丹茵鎮沓夜村（Bayet）鄉村學校是慈濟援建，他也成為助學生；如今他念函授大學，平日在聯絡處上班，媽媽為了感念這分恩情，有時就會做甜點請兒子帶來給大家享用。

這些孩子，真是從付出中得到了歡喜。更甚者，任教於補習班的呂燕燕老師，曾義務教過他們英文；現在雙方常在假日結伴到岱枝鎮德巴村（Thae Pyar）去幫鄉村孩子上課，呂燕燕先教英語，慈青們隨後再進行「靜思語」教學。

而曾教授他們中文的志工陳秀寶，替每個人取了中文名字，杜密乃叫「勇越」、尼杜亞叫「勇華」、票伯昂叫「勇勝」、恩薩基薇叫「雅蘭」、特特溫叫「雅秀」、伊夢丹叫「雅薇」，都是按照他們緬文名字的意思，取相近字義。

其中，杜密乃的中文講得最好，時不時都能冒出一兩句！他也喜歡毛筆字，很符合他的文藝範兒。

票伯昂是影視職工，每當看到自己所拍的新聞影片出現在大愛臺時，旁白一念出「陳勇勝」的中文名，他就格外有成就感。

這一群緬甸的青年孩子，縱使不諳中文，卻很努力跟著做善事，也認真學習慈濟的精髓，即使有語言隔閡，但夠用心就能體解。

若說，璞玉需要雕琢，才能發光發亮，相信假以時日，他們也能成為真正的「翠玉」，綻放出璀璨光芒！

## 柯瑪雅娜佛寺興學

每一個孩子，都像一株待栽培的幼苗。在緬甸，許多佛寺都兼負教育功能，因此全國人民識字率能高達九成。

佛寺本就是社區的信仰中心，在一些重大節慶，如四月潑水節，很多村人會去短期出家或禪修；十月點燈節，又可看見村民抬佛轎沿著佛寺四周遶行；十一月底結悉那衣節，是傳統供僧節日，人們會在寺院前架起木樁，上面擺放缽、法器、袈裟等供養品；而平日，人民也喜歡親近佛寺，聽法師講經說法，更顯見教育與信仰密不可分。

### 貧窮偏鄉 希望寄託

位處丹茵鎮翁千達村（Aung Chan Thar）的柯瑪雅娜佛寺（Khaymaryama），創立有三十年，自第十二年起開始在寺內興學，最初是幼兒園、小學到初中階段，近幾年校舍擴增後，增設高中部，目前學生總數一千一百位。

教室裏，穿著粉紅袈裟、頂著光頭的小沙彌尼們，與白綠制服的一般孩子合班上課。

講臺上，老師在黑板上振筆疾書，穿的也是一身白。這是一所女眾法師創辦的學校，學生除了本地孩子，也有很多來自緬北、緬南及其他少數民族地區的女孩。

住持三達瑪拉法師（Sandar Malar）表示，佛寺辦學的目的，是想讓窮人家的孩子，同時學習佛法和接受正規教育。這十幾年來，已有許多修戒女高中畢業或繼續完成大學學業後，返回故鄉當老師，造福更多偏鄉的孩子。

法師俗名為「錦婉」，她在二十三歲決定出家、弘揚佛法，師父為她取法名「三達瑪拉」，「Sandar」是「月亮」，「Malar」是「花」，全名是指「眾生看了歡喜又安心」的意思。

三達瑪拉法師自頂甘鐘第四中學畢業，就進入佛學院研究經藏。一九八九年，她三十五歲時成立柯瑪雅娜佛寺，寺名譯自巴利文，意為「遠離災厄」。最初只有三位尼師，至今常住眾已增至八、九百人，少數為成年比丘尼，多數是來自邊疆的少數民族女孩，有的三、四歲就被送過來了。

長期扶助該寺的華人林銘慶指出，泰緬邊界大其力（Tachileik）一帶，就是著名的金三角，有些少數民族女孩家貧又謀生不易，會被人口販子賣去泰國從事不良行業。三達瑪拉法師不忍悲劇一再上演，透過當地佛寺接引，轉度不少女孩來此安置和就學。

更多的邊界少女，是父母認為仰光的教育水準高，主動讓女兒來此出家和學習；這些孩子通常兩、三年才回家一次，但父母很放心，皆知佛寺會善待她們。

柯瑪雅娜佛寺培育出來的尼師，並未硬性規定需常住幾年，完全隨個人意願，可選擇繼續弘法，也可還俗。

家住緬北撣邦東枝的瑪妮瑪拉（Ma Ni Ma La），就是為了受更好的教育，來到此處讀書。

她是巴奧族（Pa-O）女孩，家中四個姊妹一起同來，她排行老大，現年十七歲、就讀十年級，最小的妹妹才八歲、讀一年級，家中還有祖母和媽媽，在家鄉種豆子、白蒜、玉米等五穀雜糧維生。

瑪妮瑪拉說，她在東枝是念政府創辦的學校，讀完三年級才轉學。剛來時，只會講一點點緬語，上課還需要人翻譯；日子一久，她不僅跟得上進度，還考了全班前幾名。

問她，四姊妹離鄉背井，久久才回去一次，會不會很想念家人？瑪妮瑪拉回答，祖母和母親都覺得這所佛寺學校辦學用心，也知寺裏的法師會把她們照顧得很好，所以並不擔心。若真想家或有事，也可向寺內借電話打回去，佛寺規定學生們不能拿手機，怕會干擾修行，也影響學業。

南達瑪拉（Nan Da Mar Lar）也來自緬北撣邦，她是南散的巴朗（Palaung）族人，家鄉靠近臘戌，由阿姨帶過來。父親為貨車司機、母親幫人採茶，家中還有兩個弟弟。

她還記得，五歲時，慈濟志工來互動，帶來一支人類為了滿足口欲、殘殺動物的影片，她看了立刻就說：「我以後不吃魚了！」

現今，這位沙彌尼已經長大，將升上十年級，她說以後想當老師，作育英才；另一位瑪誒拉蒂（Ma Ah Lar Thi）也想當老師，就快考大學了，眼前最重要的是努力用功，她希望一切順利，大學畢業後可回到東枝當老師。

## 改善設備 學習猛進

校長杜薩伊法師（Thu Sar Yi）很感恩慈濟人常來關心，不僅舉辦讀書會、進行「靜思語」教學，也帶動師生落實環保和人文觀念。「像『屋寬不如心寬』這句話，不只字面意義，更強調轉念，把心胸放寬，愛才能擴散出去，分享給更多人。」

杜薩伊校長本身出自貧農家庭，正因獲致佛寺的幫助，方能取得大學文憑，所以學成後，便決定回寺拉拔後進；自從接任校長，她對教育更有一分使命感，課業以外，也嚴格要求學生的整潔和秩序。

值得一提的是，原先這寺院學校並不被各方看好，認為所培育出來的學生素質，比不過政府正規學校；但經校長和老師們勵精圖治，不僅趕上了還超前，學生的學習成績突飛猛進，二〇一二年，更多達二十幾位考上附近的各所高中，且是班上前十名之內，讓全校師生都相當振奮。

近六、七年來，獲得慈濟與林銘慶資助，校舍擴建而能辦高中，嘉惠的學子又更多了，不僅寺內孩子可續讀，也廣納附近村民的小孩。

杜薩伊校長指稱，校舍經援建後，煥然一新，硬體條件變優質了，他們更有責任要把教育辦好。她並舉二〇一八年為例，五十五位高中畢業生中，就有九位考上大學，這在競爭激烈的緬甸實屬難得，讓寺內上下都歡欣不已！

慈濟與柯瑪雅娜佛寺的結緣，始自二〇〇九年三月，由林銘慶所引介，他也是此寺最大護持者。起初，志工們來發放文具，也參觀林銘慶捐建的兩處教室工地，預計要容納八百位學生。

再度來關心時，已見到一棟單層的三間課室完工，林銘慶還捐贈課桌椅；另一棟原有的兩層樓主殿，晨間是佛堂、白天是教室、晚上則為寮房，上課時，沙彌尼們席地而坐，旁邊堆放著被單和草席，摺疊得很整齊。

每天清晨四點半，僧尼們就起床做早課、五點十五分靜坐，這是不變定律。年長者常提醒小沙彌尼，要專心「聽自己的呼吸，心不可散亂。」

等回向結束，人手捧著餐盤，依序列隊用膳，年幼者會禮讓年長尼師優先接領飯菜。寺裏的早餐和中餐都很簡單，大多是白飯淋上印度黃豆熬煮的湯汁。

旁側的廚房是一間黑小屋，幾塊磚頭堆成灶，上面擺放炭爐，下面燒柴火，每天要供應幾百人用餐；釘在上頭的架子，放置了幾口鍋子和大湯瓢；旁邊水泥砌成的大水缸，則盛裝著飲用水。

戶外晾衣處，有一排粉紅袈裟垂吊在木架上，隨風搖曳！寺裏規定小沙彌尼必須自己洗衣服，她們小小年紀得踮起腳尖、抬高雙手，才能甩晾好衣物。

志工們綜覽了全寺刻苦的生活，決定要協助翻修主殿、教室及擴建廚房，並每月補助生活費和教育費，含油、電開銷及全部學生的學雜費等，老師的薪資則由林銘慶發心支應。除了有形的贊助，也固定每月兩次來帶動「靜思語」和義診；臺商郭坤石則號召商會的朋友們一起來煮素食，還教導種蔬果，跟所有出家眾結緣。

## 如願升學 不忘回饋

住持三達瑪拉法師對於傳布佛法和善念，也極盡心盡力。每年四月潑水節前後，會舉辦三至五天的消災法會；為效法慈濟精神，法會一結束，還辦理大布施活動，所得用於救助鄰近的窮苦人家，並發送白米、黃豆、衣服和鞋子等。

「寺裏吃的、用的都不虞匱乏，有許多善心人士捐獻，我們也想把多餘的米和物資提供出來救濟。」三達瑪拉法師如是說。

並且，全校也響應「竹筒歲月」精神，由老師帶動學生們一起行善，兩、三位沙彌尼共存一個塑膠筒，錢財是每日的托缽，雖多數施主會饋贈食物，但也有人捐一點紙鈔，寺內供吃供住用不到，她們便喜捨了出來。

「我們能免費受教育，又有那麼好的教室用，都得感謝慈濟和林銘慶的幫忙，捐一點錢回饋，我感覺很心安。」住在寺院附近、十二歲的學生德德吳（Thwe Thwe Oo）說，積少成多，就可幫助貧苦人。

德德吳的父親早逝，母親幫人挑水維持生活，她還有一姊一妹，讀高中的大姊靠舅舅接濟，她和小妹在此讀五年級和四年級。

班導師多珊珊乃（Daw San San Haing）稱讚她，品學兼優，連著兩次都考全班第一名，在家也會幫媽媽燒開水、洗燙衣服，又與同學相處和樂。

現今，這所女寺學校栽培出來的孩子，已有不少人有所成就，當中有人如願當上老師，或者回鄉教書，有的就留在寺院教學。

住在周邊的印度裔女孩瑪涅薇芯萊（Ma Hnin Wai Zin Hlaing），二〇一八年考上仰光東方大學化學系，這次乘著放假，返回學校輔導十年級學生功課，她盼能以過來人身分，教導應考生在最短時間內掌握讀書的要訣。

這位女孩留著一頭長髮，看起來很有智慧。她談到，是在十年級才轉到這所學校念書，因為離家近，又有補習教學，果然讀了一年，她就順利考上大學。

本著回饋之心，返校後，她更竭盡所能傳授經驗，期許學妹們也能如自己那般幸運，一舉掄元！

## 輯五

# 願力堅定行大愛

# 從懵懂到成長慧命

——林彥甫、李金蘭

向來自孟加拉灣形成的熱帶氣旋，都直撲緬甸西部若開邦，那裏有高聳山脈做屏障，能減少內陸受傷害；但納吉斯卻一反常態，行進路徑偏向東南，導致伊洛瓦底江三角洲一整片開闊平原毫無招架之力，釀成巨災。

臺商林彥甫和妻子李金蘭在家看著電視，災害殃及大半國土，到處都有哀號求救聲。他們也想盡自己一分力，只是第一時間，家門前一片汪洋，整排路樹被攔腰折斷，根本出不了門。

打開慣常收看的大愛電視臺，兩人驚訝地發現：「慈濟勘災團已進到緬甸了！」林彥甫馬上聯絡臺商會會長郭坤石。

透過臺商會協助，獲知慈濟志工落腳茵雅湖飯店，兩人主動找上門，馬不停蹄跟著去義診、訪視，參加稻種發放及幫忙翻譯，把出生才六個月的小嬰兒託給保母照顧。

## 慈悲關懷，智慧輔導

林彥甫於一九九七年赴緬經商，與妻子經營多間健康按摩連鎖店；李金蘭是緬北密支那的華人，自幼受華文教育。慈濟剛進入緬甸，急需中緬通譯人員協助翻譯及救災，兩夫妻幫了不少忙。

在稻種和肥料發放現場，常可見這對夫妻結伴而行，林彥甫擔任協調、分配任務，讓發放順利開展；李金蘭則用緬語向農民介紹慈濟，倡導小善也能助人的觀念。為了適切扮演好角色，他們甚至在船行途中也一再演練，務求做到盡善盡美。

「我是自薦上臺介紹慈濟的！」李金蘭說，她在參加團隊時，感受到慈濟人做事很認真，發放物資態度極謙卑，但翻譯者好像不太理解慈濟的精神點，語意傳達有些落差，她便自動請纓：「我來講好了！」

這一分勇氣，不是為了出鋒頭，她只覺得，最初志工人力少，能通曉兩種語言的又更少，自己長期收看大愛臺，清楚慈濟是怎樣的團體，有必要也讓緬甸人知道。

個頭高大的林彥甫，每次訪視都必須彎腰才能進入低矮的茅草屋。向來生活寬裕的他，自慚在緬經商十多年，從不知民間疾苦，慈濟彷彿為他打開了另一扇視野，看到原來緬甸有那麼多苦難人。

在急難救助階段，馬來西亞志工一批又一批跨國來救災，並進行長期重建，除了關心慈濟援建的三所希望工程進度，也將關懷重點深入仰光省的偏鄉和各個窮苦角落，針對貧農發放稻種、資助弱勢學子，更溯及對全家人的生活照顧。

也因此，林彥甫和李金蘭夫婦更忙碌了，他們跟著去醫院探視病患、下鄉跑學校發放文具，拜訪案家解決問題；為了讓遠道而來的志工機動出勤，還提供自家的兩部卡車接送，將志工們走泥濘路的汙濁雨鞋全帶回家清洗。

距離仰光四十分鐘車程的南德公，災後二十天，慈濟人即進入發放白米。在一處違章建築聚落，李金蘭跟隨探訪一位孕婦，她與丈夫及四歲女兒擠住在被風雨掀去大半屋頂的破爛屋，下雨時，茅草屋的竹片地板全溼了。

李金蘭問婦人：「你們的衣服都淋溼了，怎麼辦？」婦人回答：「就再換上乾的！」聞言，她想直接掏錢給他們修繕，卻被大馬志工葉淑美制止了；葉淑美說，要先整體訪查全村的狀況，再決定如何補助。

一行人又訪視十幾戶人家，得知村民多靠打零工維生，全都很窮苦；經過共同研議，決定資助全村所需的亞答葉和竹片，讓他們自行搭建房子。

從協助修屋、援建水井改善水源，到提供菜種讓村民們種植，乃至助學及生活費補助，李金蘭觀察到大馬慈濟人做事很有步驟，也體貼入微、設想周到，是真正切合受助者的需要，不僅救濟還給予愛和關懷，她才體悟為何做慈善需「慈悲與智慧兼具」。

南德公這處聚落是違章建築，十幾年前，政府就徵地計畫設工業區，吸引外商來投資；但因相關電力未建構，廠商無意進駐，懸置了許久，慢慢就有人遷入搭屋居住。

風災後，慈濟人到附近一間寺廟義診，九歲的女孩心優昂（Zin Yu Aung）由母親帶來看診，人醫會醫師見她手指和嘴唇紫黑腫脹，研判是心臟出問題；志工帶她去醫院做詳細檢查，證實心臟有缺孔，導致氧氣輸送不足。

初時，慈濟人要進入聚落訪視，有人還提醒，那裏的居民很野蠻，千萬不能去；但志工們不退怯，不僅去關懷心優昂，也擴及其他人，最後跟整村的人都很熟。

李金蘭例舉「菜園班長」烏拉繆（U La Myo），他排行老么，脾氣暴躁，常喝酒鬧事，與兄姊也常有口角，甚至拳腳相向；但葉淑美領頭的志工群耐心輔導，竟然發生了作用。

葉淑美講話很柔，總對他好言相勸，烏拉謬覺得有人疼惜，於是努力做好慈濟人要他盡的「班長」責任，帶動村民種菜以增加收入，並將原先雜亂的環境整頓得乾乾淨淨。志工們見到荒蕪之地變成一畦畦良田，不久又長出綠油油的青菜，都很為他們高興。

但可惜的是，這位改過遷善的三十二歲青年突然猝逝了。接到噩耗時，志工們很震驚，因為幾天前才剛去送潑水節物資，彼此聊得很愉快；縱有百般不捨，大家仍前去助念，用佛號聲伴他走完人生最後一程。

據家人描述，烏拉謬過世前一大清早就起床唱歌，大唱一首自編的歌曲，感恩媽媽和兄姊的包容；又去拜訪一些老友，像似在告別。當晚，他感覺身體發熱，洗完澡就躺下休息，沒想到一覺不醒……

李金蘭感受到人生無常，幸好他在生命終了前，與慈濟結了一分緣，扭轉不良的習性，也算是善終。

## 歲月流轉，長情不變

二〇一二年十一月，李金蘭陪同我們走進該村探訪，車子才一停下，村民們立刻圍攏過來。心優昂的母親、亦是烏拉謬的姊姊多珊珊茉（Daw San San Maw），緊緊摟住了李金蘭，嘴裏不停叨念著已返回大馬的「葉師姑」。

「很多村民都覺得葉師姑像自己的母親，對他們有再造之恩。」李金蘭說，此村環境能改善、經濟轉好，人際關係變和諧，確實是葉淑美與大馬志工的苦心經營，他們功不可沒。

來到多珊珊茉的家，破舊茅草屋已不見，取而代之是穩固的木造房，屋頂也換成了鋅片。她談起脫貧的經歷，眼神閃閃發光：「是慈濟先提供菜種讓我們種植；次年又發給稻種，我和其他手足各分到五籮，收成賣掉後攢得一筆錢，又買進豬隻飼養；加上孩子們紛紛外出工作，四年來就這樣慢慢有了餘裕。」

多珊珊茉強調：「葉師姑鼓勵我們自力更生，不能總靠別人救濟，我們做到了！」

接著，她又引領我們去探視一位婦女，懷抱小嬰兒的她有點垂頭喪氣，原來正為丈夫生病沒錢醫治而煩惱。多珊珊茉說，她前幾日經過時，看見婦人的丈夫躺在床上很不舒服，便掏出了兩千緬幣，請他趕快去看醫師，現在情況雖有好轉，卻仍查不出病因。

李金蘭很肯定多珊珊茉的做法，稱讚她有愛心。多珊珊茉一樂起來，便自我調侃：「我天生有『雞婆』個性，碰到慈濟人又受到感染，更懂得關心別人了。」

目睹這一區，居民從吵鬧不休到能互助互愛，李金蘭感到很欣慰，也終能體會大馬英雌們帶領緬甸志工訪視時，會觀察那麼仔細、透徹了解的原因了。

再訪另一戶助學生微芯茉（Wai Zin Moe），她與外婆住在一起。母親去世前，本擬將四個孩子送去孤兒院，但外婆不捨得，她想及十七歲大孫女和十三歲的微芯茉已可出外謀職，後面兩個五歲及三歲的小外孫就可留在身邊照顧。

慈濟人了解這一家的困境後，每個月補助三包白米。葉淑美不忍微芯茉還是就學年齡就跟隨姊姊去做工；知道她不曾上過學，連名字都不會寫，便跑去附近的寺廟學校，幫她和五歲的弟弟報名，讓他們上學。

再度家訪時，又帶去文具給這對姊弟，微芯茉開心唱起了詩歌回饋大家；一次又一次互動，慈濟人看見她功課漸上軌道，緬文、英文和數學都有進步，很為她感到高興。

有一次，微芯茉告訴葉淑美，同學都笑是她老太婆，十三歲了才讀幼稚班；但她用健康心態回應：「笑我老太婆，沒關係，我就要讀到十年級畢業！」

看到外孫女用功讀書，外婆也覺得欣慰：「我年紀大了，隨時都可能離開。她的母親、舅舅和阿姨都不曾上學，如今她能夠讀書，若將來有成就，一定要感謝慈濟。」

李金蘭接著帶我們去到距離不遠的納欣公村（Nat Sin Gone），二〇〇九年，慈濟人來過此鄉村學校發放文具。當年，大馬志工發現大家在教室熱鬧地帶動學生們比手語時，小男孩佐佐溫（Kyaw Kyaw Win）就背著妹妹站在外頭，用羨慕的眼光觀看裏面動態。

大馬志工問明，他因家貧沒錢上學，便跟隨他走回家，徵得父母同意後，花了相當美金五元的學費幫他報名，讓他趕上開學的末班車。

同一天，他們又看見住在對面的男孩楊白索（Yan Paing Soe），正挑著兩桶水行走，得知他每天都要幫村民挑水走好幾趟路，以賺取緬幣一百元。志工很心疼他瘦弱的雙肩，怎堪長期負荷五加侖重的水？便也將他列為助學對象。

可是，事後緬甸志工再去家訪時，竟發現成績優異的佐佐溫輟學了，他去市區一間按摩店當跑腿小弟。葉淑美聽到消息後，即刻帶著李金蘭趕去關心，也到佐佐溫打工處和學校了解狀況。

原來，佐佐溫的父親做工時不慎弄傷手臂，母親才剛生產正在休養中，所以他只好離開學校去工作分攤家計。經重新評估，慈濟除了支付他學雜費，也增加補助全家生活費和其父的醫藥費，幫助他們度過難關。

我們那一趟去，他父親手臂的傷口尚未癒合，母親包著頭巾以避風寒。臨走時，李金蘭請佐佐溫跟著上車，載他到村頭的雜貨店，購買了生理食鹽水、紗布、繃帶等，要他帶回去讓父親包紮傷口；又買了一大袋雞蛋，交代他要給母親補身子，還一再叮囑：「學業第一，不管遇到任何困難，一定要跟慈濟人講，絕不能再輟學跑去打工，這樣會傷大家的心，也辜負了眾人的期望。」

而楊白索經過助學，雖課業成績不甚理想，卻很有禮貌又勤勞。課餘時，他都幫母親做家事、照顧弟妹，也會跟父親去修建馬路、搬石頭。

李金蘭說，每次慈濟人去家訪，都可見楊白索將雙手交抱在胸前，起先林彥甫不明了，覺得那動作很怪異；經她解說後，才知那是緬甸孩子的習慣，為了表示尊敬和友善，林彥甫也像上了一課。

## 親手布施，力行佛法

援助農民稻種，幫助他們脫貧；關心貧窮孩子，給予助學金補助，這是慈濟自緬甸風災以來長期推展的志業。林彥甫和李金蘭夫婦一路相伴至今，李金蘭自覺是從稚嫩、懵懂，到如今開竅、領悟真理，這樣的成長之路很漫長，卻沒白走。

二〇一二年元月，當大馬團隊結束三年半的陪伴，準備撤出緬甸時，本地志工都感到惶恐，身為負責人的李金蘭也有點擔心，怕自己不夠成熟，如何能領眾？

幸好，大馬志工群雖已離開，但身離心卻未離，一直都還在關懷緬甸，舉凡水患釀災，要進行大型稻種發放，他們必定派人前來協助；又或者要為鄉村學校蓋簡易教室，他們也派專精人才過來，帶著緬甸志工一起施作；還有對助學生的教育補助、對農村發送太陽能板……很多的資金籌措，都仰賴大馬人的愛心贊助。所有的恩德，緬甸志工們一直感念在心，絲毫不敢淡忘。

當然，大馬團隊放手了，本地志工也當自我成長，不管在慈善、助學、急難救助、農村關懷、白內障手術輔助等，緬甸志工人力少、要做的事卻很多，大家都盡力在付出。這一點李金蘭看在眼裏，可是感動在心底。

以二〇一九年二月對四省邦的稻種發放為例，很多志工是從仰光去到勃固省參與。當中劉素英因不放心年邁的母親，每晚都趕回照顧，兩邊相距有兩個多小時車程，次日清早三、四點，她又得辛苦搭車趕來。

「他們是有心，應該多給予鼓勵。」李金蘭也很感恩臺灣和大馬的志工團隊，願意多負擔支出，為一些經濟較弱勢的緬甸志工分擔旅館費用。她坦言，當地志工大多家境普通，住旅館是一筆大開銷。

從草創期，緬甸少少十幾位志工，到現今已有六十多位受證慈誠、委員，志工數更是大幅成長，這也與馬來西亞志工的大力促進有所關聯。

李金蘭說得好：「不應說是我們付出什麼，而該說是我們獲得了什麼，處於佛國，大家拜經、念佛是常態，但慈濟卻教導要身體力行、親手遍布施，這是我們所需要的，做過了以後才能體會其中的甘甜，也才是真正的『行經』，力行佛法啊！」

## 穿針引線給孤獨——林銘慶

納吉斯風災後，看到國土蒙受重大損害，總是欠債耕種的農人被逼得走投無路；學校也倒塌無數，學子無安全處所上課。這一切，都讓林銘慶至感心痛，儘管他是富甲一方的實業家，但單靠個人力量無法成事，直到有人介紹慈濟，雙方理念相契，協合賑濟的行動由此展開……

### 不戀財富，慷慨布施

林銘慶祖籍福建廈門，他的緬甸名為烏佐欽（U Kyaw Khin），「U」是緬人對年長男子的尊稱，等同「先生」之意；「Kyaw」是有名望、榮譽；「Khin」是和藹可親。人如其名，慈濟人則喜歡叫他「安哥林」（Uncle Lin）。

這位土生土長的緬甸華人，從小就很有善心，父母給的零用錢五十分，他都省下十分來助人，緣自於受過沙彌戒，法師講的布施觀念，他都記住了；上小學時，每天都有一個乞丐在路旁等候他掏錢，才能去吃一頓早餐。

林銘慶的家族靠販售布料、服飾、碗筷發跡，父親曾任公務員，哥哥當過宣傳部部長，家世顯赫；但他的致富並非仰賴父兄，而是抓到了好時機。

一九七三年，他二十二歲，自大學機械工程系畢業，就去新加坡跑船，也進口外國貨回國販售；幾年後，他獲准進口汽車的權利，買進一部車再賣出的利潤，足可買一棟房子，就這樣靠買賣汽車及投資房地產掙得不少錢。

後來，他又跟新加坡企業在緬甸合開百貨公司，賣過電視、燈具等；跑船時也結識很多達官顯要，人面極廣。一般人都汲汲營營賺世間財，但林銘慶卻不戀棧累積財富，四十九歲那年，他就毅然放下事業，全心投入慈善公益。

做燈具時，仰光大金塔所有燈飾都是他捐獻，當時由國家第一祕書欽紐代表接受。這座國家級的大地標，是緬甸人的信仰中心，也是遊客必訪的朝聖景點，入夜後，萬盞燈火閃爍、光彩耀眼。它不僅是佛教建築的傑作，也是世界上歷史最悠久、價值最昂貴的佛塔，與印尼的婆羅浮屠塔及柬埔寨的吳哥窟，並列為東方佛教藝術三大瑰寶。

而在跨過丹茵大橋緊鄰仰光市的丹茵鎮，林銘慶也援助了寺廟學校、孤兒院及捐建一些鄉村小學校，他的慈善足跡甚至遠及靠近曼德勒的實皆省。

其所擁有的五十畝農田，不為營收，全用在救濟上。位於丹茵鎮的「有求必應」寺廟，收容了兩百多個孤兒，還附辦小學，學生逾千；林銘慶將農場出產的稻米，供給出家眾及孤兒們，還結合善心人士每月支付教師薪水，並幫忙蓋校舍；對女眾寺院柯瑪雅娜佛寺，也是同樣做法；而在小村落造臺甘，他則協助鋪設水泥板，方便村民出入。

幫寺廟學校蓋校舍資金需求龐大，他賣掉六大塊金條，十分捨得；蓋好校舍後，能嘉惠無數學子，一代傳一代，那福德又豈是有形的錢財所能比擬？

## 一見如故，帶領深入

二〇〇八年，慈濟進入緬甸賑災，抵達的第三天、五月十二日，團員們初接觸政府救災單位尚未獲致信任；次日經過輾轉聯繫，林銘慶偕同妹妹林梅英前來會面，雙方一見如故，此後他就像個「帶路人」，協助慈濟從事各種救濟。

風災後，全緬有一千八百多所學校受損，逾四百所全毀、兩百所半毀，政府無法全數重建。位於仰光市的頂甘鐘第四小學，校舍毀壞嚴重，時任總理的登盛找了林銘慶商量，才促成慈濟援建。

初期估計建設三棟三層樓的校舍，約需一百五十萬美元，這數字讓林銘慶很擔憂，不知慈濟是否真有誠意負擔那麼多經費？但當他看見慈濟基於「教育不能等」，很快就繪出設計圖，他感動了，也確信為真。

接著，馬揚貢第一高中和雅倫第四中學也由他引領援建。二〇〇八年起，又安排慈濟志工到仰光和丹茵鎮各偏僻學校及鄉間小學發放文具，迄二〇一九年都還有零星發送。

而最重要、影響最深遠，當屬牽引慈濟與政府農業部合作，展開一系列的稻種發放。農業部官員烏佐佐與慈濟接觸日久，雙方形成良好關係，接下來幾次稻種發放，他都全力以赴，不管是事前名單的蒐集、堆放的倉庫，到發放的定點設置，協調地方官員配合等，因為有他與林銘慶居中折衝，事情進行得很順利。

風災後，大力投入救災的林銘慶，看到很多農民的家和農田都被沖走了，連吃飯都有問題，憐惜地說：「那時候，農民真的很淒慘，不但沒得吃和住，還被借貸追著跑，有些人就因還不了債，只好逃離家鄉躲避。」

因此，繼坤仰公和礁旦鎮兩地展開救急性的快熟型稻種及肥料發送後，慈濟又於二〇一〇年至二〇一二年，對丹茵鎮的二十九個農村發放稻種，這當中有很多事都是靠林銘慶奔走接洽，包括與農業部挑選出合適種植的品種。

林銘慶回想起，當第一次舉辦說明會，請農人來登記並領憑據，以統計需求的數量，沒想到來的人卻很少，且連著三次都如此，大家就覺得奇怪：「是否訊息傳達有誤？」

起初，馬來西亞志工也感疑惑，後來是郭濟航點出重點：「我們宣導時，雖強調是『無所求』，但卻又鼓勵農民收成後，可以捐一點去幫助別人，這說法就有點矛盾。」

領頭的葉淑美醒覺了，在接下來辦理的說明會就調整用語；但來領憑據的人還是不多，她就想：「是否農民沒看到實際的穀包，不相信我們是免費贈送？」因此，林銘慶緊急調來大量稻種，一包包堆疊在現場，農民們這才相信：是真的！

播下後，那一季普遍傳來捷報，每一畝田都比往年多收了十幾、二十籮，農民們不僅能償債，還捐出部分稻種要援助其他村落。次年，慈濟把所收到的五千多籮稻種精挑過，不足的再補，又發送給另七村的農民。

但那年，連下七天豪雨，排水不及；收成後，米價又下跌，農人收入就沒前十三個村子好。雖然，收成不如預期，但七村的農民仍有意回饋：「可以捐半包嗎？」

「他們都不夠吃了，怎忍心讓他們捐？」林銘慶與慈濟人想法一致。但無論如何，已發過的二十村受到資助，少掉很多開支，至少還能喘口氣；然而剩餘的九個村負債嚴重，林銘慶說：「前一年他們也一樣收成不好，更需要幫忙，否則會更糟糕。」

心心念念就是農民的處境，林銘慶當時還添購了農地，配合慈濟與政府農業部的政策，施行「實驗農田」計畫。他分出區塊，分別用撒種和插秧方式，也廣試各種來自大馬、臺灣、大陸及緬甸本地的稻種，就為了找出哪一類品種，種出的效果最好，最能耐風雨襲擊；最後得出的結論是「雅佐」種，長成的稻株較高壯，能抵擋風雨，而且緬甸人早餐常吃的魚湯米粉就用此原料。故最後那九村選發雅佐品種，以確保農民有好收成。

## 心誠則靈，迎刃而解

丹茵鎮廣發稻種後，林銘慶又引薦慈濟人去見當時的教育部次長烏耶玖，促成慈濟在丹茵鎮援建十二所鄉村學校。這一建校行動，除了讓偏遠村落孩童有穩固的環境上課，也從中發現很多窮困的孩子，給予助學補助，慈善與教育同步進行。

此外，見到農民年紀很輕就出現白內障，林銘慶極為不忍，又有了結合慈濟做白內障義診手術，從仰光市一路開到丹茵鎮、莫比鎮、岱枝鎮，最遠是二〇一六年隨同慈濟人賑濟水患災民而去到實皆省。至今已累積開了八千多例，所有的經費都是他與慈濟人郭濟緣、陳國樑等共同分擔，沒動用到慈濟的善款。

「農人們在大太陽底下工作，很容易損傷眼睛，動了手術，他們可以做更多事。」

林銘慶指出，有的農民白內障已經過熟，被醫院拒絕開刀，結果慈濟幫他開好了，讓他大放光明，於是帶來自種的香蕉、芒果回贈，這就是最有價值的禮物。

「我會懂得做那麼多好事，都是證嚴上人教的。」林銘慶很謙虛，對證嚴法師很崇敬，凡提到與慈濟有關的事都稱是法師指導，即使他沒真正受證成為委員或慈誠。

由於他政治人脈亨通，慈濟人要到邊界或敏感地帶賑災，也都由他負責跟政府打通關。譬如，二〇一〇年若開邦遭暴雨襲擊、二〇一一年撣邦的達樂、大其力一帶發生大地震，這些地區或屬邊疆或常有戰亂，一般外國人不准進入，但當時幾位大馬志工卻能成行，就因有林銘慶戮力協助及保證。

「慈濟是正派的慈善團體，無所求地奉獻，不會藉故來滋事。」雖然要承受壓力，但林銘慶信得過慈濟，他並認為，自己不再從商已無利益可圖，就只是為了做有利於國家的事，為所當為，所以心中坦蕩無懼。

多年來經常跑緬甸關心的張濟玄，曾親睹一事例。有次臺灣援助的稻米要進去緬甸，船靠岸卸完貨已經駛離，卻遲遲申請不到入關執照，壓力全落在林銘慶身上。為此，他虔誠地跪在佛前祈禱，並默求證嚴法師相助，最後終於拿到了執照，鬆了一口氣！「他以為事情能迎刃而解，是因為『心誠則靈』。」

林銘慶則自稱，他是被慈濟的作為所感動：「當年風災時，很多國外的救災團體來幫忙，但他們回去後就沒再來，只有慈濟從未中斷，不僅沒斷過，還讓這裏的志工愈來愈忙；而從忙碌之中，其實是救到大家的心，讓心靈更加淨化！」

二〇一八年，他與大馬和緬甸慈濟人一同來臺面見證嚴法師，報告會務時，語帶感激地說：「上人，慈濟是從頭幫到尾！」不意，法師竟幽默回答：「不對，還有中間喔！」

林銘慶當下會心一笑，領悟到話中之意，他受教了，隨即接下說：「我牢牢記住了，做事情，頭、中、尾都要顧到。」

這位緬甸的大富豪，從他身上看不到華服、名貴珠寶，也不見傲氣；相反的，他坦率、真誠、大方，為人又熱忱，幾乎什麼事找他都可辦妥，是可以倚靠的「大善人」。

林銘慶常言：「世間財好賺，功德財難賺。」在很早之前，他就已將財富分成四等分，留本、儲存、家用及救濟，長年力行佛法教義；即便他擁有新加坡的公民證，卻沒隨妻女移居，而是長留在緬甸做善事，他說：「新加坡已經很發達了，而緬甸窮人太多，需要我幫忙。」

言下之意，是他熱愛母國，不忍窮人受苦，所以喜歡布施、行善，實乃現代版的「給孤獨長者」啊！

## 得遇佛法求真理——蘇金國

「為何要做固本（領據）、蓋手印，我們是佛弟子，來發放稻種，就要有憑證，全球慈濟人募心募愛而來，我們做每件事都要交代，這就是規矩。」在稻種發放儀式上，蘇金國耐心解說整套流程的意義，就像在對農民們「談心」！

他繼而談到，當初佛陀將入涅槃，阿難尊者請示：「以後您不在了，我們要依靠誰？」佛陀回答：「以戒為師。」蘇金國闡釋，這對出家人來說，是「戒」；而對在家人，就是「紀律」、「規矩」。

「證嚴上人為何要勞師動眾，派那麼多弟子來發放稻種？除了世俗常講，要讓你們把稻種播下，帶來豐收，也希望把法種在『心田』。」兩三句話，他就把淺顯易懂的道理說得明白。

他並循循善導，「慈濟起源，三十位主婦日存五毛錢救人的故事，就是日常修行的方式，人若無發心、修行，就會空過人生，所以這輩子就應開始修『波羅蜜』，緬句話即是『功德』；若你們能發心立願，那我們就是一家人，大家願意嗎？」

結果，臺下農民紛紛舉起手來，場面踴躍。蘇金國用貼近緬人的用語，與農民們談論佛法，很能引起共鳴；一場又一場重複說著，不厭其煩。

他不僅有好口才，能讓農人懂得「佛法」真義，也會用好歌喉，引吭高唱：「普天下沒有我不愛的人、普天下沒有我不信任的人、普天之下沒有我不原諒的人……」歌聲和語意唱進人們的心坎，使得現場散滿了溫馨和法喜。

## 經歷排華

蘇金國有著滿頭銀髮，那就像智慧毛，他總比別人多一層深沈思考。過去，他在家開設華文補習班，是個「名師」；進入慈濟後，是人人尊敬的「蘇老師」，因為他博學又善引譬喻，深受志工們倚重，有什麼事想請教，就會有人說：「去問蘇老師！」

這位德高望重的長者，祖籍是福建南安，他的父親初來緬甸時做土產生意，從上緬甸運來豆、蔥、蒜、魷魚等乾貨，再到仰光批發販售。蘇金國的家住仰光市區，本來生活過得不錯；後來父親罹患眼疾不能工作，為了減少開支搬到郊外，幾年後父親辭世，他的苦難日子就此降臨。

父親過世那年，蘇金國才七歲，母親為了扶育四個孩子，開了一間小雜貨店，又養些雞鴨維持生計。小學畢業後，蘇金國考上仰光華僑中學，眼見註冊日子逼近，母親卻籌不出錢；幸好，小學導師惜才，出錢讓他繳學費。

蘇金國每學期都拿到全班第一名，一九五九年初中畢業後，母親身體不適，他放棄直升高中的機會，到華人區雜貨店當夥計，月薪六十緬幣。當時一碗麵才四十分錢，他的收入不僅夠自己用，還能幫助家裏。

兩年後，他無法忘情讀書，開始半工半讀念夜間部；可惜才讀了一年，就因軍政府上臺，華校被廢止，只好轉去念緬制高中夜校。

原本，他有機會申請到臺灣念大學。但時局一亂，碰上排華事件，所有證件和中文書籍全被燒光，連來臺的文件也被燒毀了！

接著，華人商店收歸國有，他轉去緬人開的店當售貨員兼管帳。一九七五年，該店明定不再雇用非緬籍員工，他趕緊申辦緬籍身分證；很幸運的，很多華人要花錢賄絡才能過關，他卻遇到不錯的移民官，很快就拿到證件。

領到緬證後，他到一家政府所設的商店工作，但不久，又規定緬籍華人不能任職；政局動盪，造成人心惶惶，他閒著沒事，就將生活重心擺放在學佛上。

## 宗教洗禮

長期處於南傳佛教的氛圍中，他也跟很多緬甸男子一樣，曾短期出家；只是好學不倦的他，並不以修讀小乘書籍為滿足，還渴求探尋更多的佛法真理。

他找到一個小團體，成員多為退休軍官。他們在仰光借用一間美術館，每週一天討論非傳統佛法，有當代的，也有古印度哲人和聖人的著作；而日本鈴木博士所註釋的《金剛經》，也從日文翻中文再譯成英文在會上討論。

「我是華人，直接找中文版來看，不是更好！」蘇金國跑遍仰光市，找不到一間中文書店；他嘗試到華人所屬的佛寺尋找，認識了一位從中國大陸來的老和尚，老和尚曾被緬甸總統尊為國師，讓他在大金塔下一間寺院修行。

蘇金國每次去拜見老和尚，老和尚都向他介紹一些叢林生活和規矩，並說些歷代高僧大德的故事；他聽得津津有味，對於大乘佛法的興趣從此開啟。

基於信任，老和尚慨然允借手邊唯一的一本《金剛經》，並囑咐蘇金國要先淨身才能閱讀；求法若渴的蘇金國很珍惜，回去後很認真地拜讀，一週內就把三十二品全背了下來。

「原來大乘佛法的智慧這麼深，我彷佛重新活過了一遍。」蘇金國說，得自於老和尚與經典的啟發，他愈深入鑽研愈透徹；隨著佛法知識累加，他竟有點飄飄然，自覺很了不起，開始想找人論法。

當時才三十多歲的他，正值年輕氣盛，只要有人邀請演講，一群同好都義不容辭前往，最遠曾到中部大城曼德勒；遇有理念殊異者，他總是能扳倒對方，為此還沾沾自喜。

為了傳揚大乘佛法，從一九七九年起，他們在仰光地標大金塔的演講沒有停過，因為講得精彩又有深度，人潮愈聚愈多；直至一九八八年八月八日爆發民運，演變成街頭流血衝突，大金塔被軍人占據，他們才停止集會論法。

蘇金國把生活重心轉移到華文教育。華校遭停辦後，華人為了延續語言和文化，化整為零，偷偷把華文教育移往民間會館進行分冊教學；蘇金國任教的中正中學，並不被政府承認，是以「中正語文商業中心」名義立案。

除了中正中學的固定教職，他也周遊各會館講學。在課堂上，他不僅傳授課業知識，也將佛法論點適時導入，處於佛國境地，學生長期受佛教文化薰染，很能接受他所闡述的觀念。之後，他在家中開設華文補習班，因擅長引經據典、又懂拆解字義，很受學生們歡迎，「補教名師」稱號不脛而走！

「我程度不高，是邊學邊教，被逼出來的。」蘇金國當年讀的是親共學校，後來教書用的卻是臺灣教材，雖有點落差，但他很認真備課，又創出一套獨門教學法，讓學生能很快領會，並深刻記在腦中。

蘇金國指出，如分解「壽」字，可解釋為「有智慧的讀書人，不在人前而在人後認真工作，而且說話有分寸，壽命就會很長。」這種說文解字的方式，不僅傳達知識，也傳授哲理。他邊教邊琢磨，愈發覺中文字很巧妙、智慧很高深，字裏行間都蘊含完整的道理。

他也將佛法和文字連在一起。如老子《道德經》有云：「道可道非常道」，就是佛法，很有禪意，與《金剛經》理念不謀而合；「悟」字，是「五」個「口」加上「心」，代表眼、耳、鼻、舌、身、意等六根，每一口都清淨，就能悟道。

## 自尋慈濟

納吉斯風災過後，蘇金國得知慈濟人已來到緬甸救災，心生嚮往，便自動找上門了。

在稻種和肥料發放儀式上，他負責介紹證嚴法師的慈悲救世理念；為了深入法師的智慧，他讀了《真實之路》、《考驗》、《納履足跡》等慈濟書籍，了解法師一路走來的辛苦，也就更加崇拜了。

加入慈濟志工才半個月，他就來臺拜訪靜思精舍。一見到證嚴法師，竟激動落淚！「我一個大男人在大眾面前哭，實在尷尬又難看！」事後，蘇金國回想這一段，當天他還對法師發願，回緬甸後，要把法師的著作和《靜思語》翻成緬文，立刻獲得法師的讚賞：「很好！」

情感豐沛的蘇金國，已不只一次掉淚。到農村關懷時，聽到有孩子為了幫忙家計，寧可犧牲自己，輟學去打工賺錢，也要成就弟弟讀書；因「貧窮」不得不休學的個案，不勝枚舉，使他想起自己年少失學的窘境，便一時情緒難忍。

除了參與農村發放和助學訪查，蘇金國也常利用志工共修場合舉辦讀書會，帶領大家研讀「靜思語」、證嚴法師的法音精選及教授華文，這些都是他在忙碌中抽出時間，燈下伏案，一字一句地推敲，所做出的中緬文對照翻譯。

因此，當聽到緬族志工用中文說「靜思語」，毋需感到驚訝，當中有部分就是蘇金國的功勞。

「我是有點自不量力，中文程度還好，但緬文就很一般；因為從小念華校又住華人社區，到了中學才讀緬校，所以學得不精。」蘇金國每翻譯一個段落，都請朋友校對及修潤。為了幫丈夫將譯好的文句輸入電腦，妻子施舜琴也向人請教，學習緬文輸入法。婆羅米系、呈圓形的緬文字母共有三十三個，施舜琴戴起老花眼鏡，一字一字用心敲打。

自從投入慈濟事，蘇金國教學的時間相對減少，最多曾教十九個班，慢慢減至四個班；學生人數驟減，收入也大幅下滑，但他並不認為是「失去」，反而表示能找到相契之道，很值得。現在更是全心全意投入在志業中，而感到法喜充滿！

## 永遠身教

「得遇佛法真理，我不僅一見如故，更是夢寐以求啊！」事實上，他原就不看重物質，一直以來學費也全憑學生自由隨喜；課堂上，他常談起自己的處世哲學：「多計較，多煩惱；少計較，少煩惱；不計較，沒煩惱。」這一句座右銘，也深深影響了學生。

「老師對我不只『言教』，更是『身教』，他從不把名利看在眼裏，讓我打從心底敬仰。」受教於蘇金國多年、也加入慈濟志工的伍長林表示，老師幫助他找到人生的方向，讓他明白行善和學佛可並行不悖。

江相賢和陳秀寶這兩位志工，也是他的愛徒。兩人都住在華區，一個沈默寡言、一個口才便給，在團體活動中，陳秀寶會幫老師分勞，擔任司儀角色，像二〇一九年二月的稻種發放，她也拿著麥克風滔滔講起慈濟理念，幽默的話語逗得臺下一陣笑聲！

江相賢的外表看起來很酷，卻是隨傳隨到的「好司機」，總是開著「菩薩卡車」載著志工們參加活動，或每天清早去聯絡處「薰法香」、或載慈青們到岱枝鎮德巴村進行「靜思語」教學；工程施工和簡易屋搭建，也少不了他的身影，儘管他話不多，卻做得很勤。

所有發放場合的司儀培訓，也都是由蘇金國親自指導，他期望在每一場都能把慈濟理念解說明了，使農民們能深入證嚴法師的智慧法海。

二〇一八年十月中旬，他不慎摔傷了腰，檢查發現是第一節腰椎骨折，醫師叮囑要躺三個月，還要穿上背架。已錯過十一月豆種發放的他，不想再錯過二〇一九年二月的稻種發放，忍著痛還是跟著去農村。「叫我躺三個月，怎麼受得了？我要趕快做！」蘇金國說，臺灣和馬來西亞的志工都來助緣，他身為在地人，更不能躺在家裏。

蘇金國現年七十六歲了，每次看他站上臺，對著農民或志工們講述慈濟理念，是那樣用心又講得句句真切。雖然我聽不懂緬語，卻能感受他老人家強烈的使命感，如同證嚴法師常言的那種「來不及」的心念；徒兒印師心，從他身上是真正看見了！

## 突破語言障礙——丁瑪特

環境幽靜的仰光洋金區（Yan Kin），小巷內高大的芒果樹綠蔭蓊鬱，上到公寓的四樓，丁瑪特的住家兼診所就在此；打開大門，屋內擺著一架傳統緬甸樂器「竹排琴」，她拿起小木錘輕輕敲打，動作優雅、琴聲柔和，讓人感覺舒暢陶醉。

這位道地的緬族才女，是位醫師，也是慈濟志工，她雖聽不懂華語，卻很投入，也會講幾句中文「靜思語」；語言對她並不造成障礙，因為理念相投，所以菩薩道會一直走下去。

## 貼近災民感受深

「慈濟緣起於『竹筒歲月』，二〇〇八年因納吉斯風災進入緬甸救災……」丁瑪特站在臺前，用緬語不疾不徐地說；二〇一九年二月的稻種發放採多場次同時舉行，很多人要扮演蘇金國的分身，解說慈濟、傳播善法，丁瑪特即是其中之一。

當年納吉斯風災發生，丁瑪特跟著林淑華加入慈濟賑災行列，報名者足有六百多人，她等了一個月才輪到去災區發放。儘管家裏也受災，屋頂被吹走、房間浸水，忙著重建事宜，她一顆熱切助人的心仍澎湃著。

緬甸人向來有護持寺廟布施的習慣，但親手發放，丁瑪特還是第一次嘗試。她說，這樣的經驗很奇妙，與受助者直接對話，充分理解他們的處境，進而為他們傷心和難過，甚至會牽掛他們以後的生活。以前她當醫師，都沒有那麼強烈的「視病如親」感受，為何一接觸到受災民眾，卻發出這樣的菩提心，連她自己都感到訝然！

後來，慈濟在坤仰公等地舉辦義診，丁瑪特看到國外醫護志工對待病患十分親切，讓她反思：「過去我行醫純粹是治療病症，並沒有想過面對的是一個『人』。」

進入農村發放稻種，也帶給她很大衝擊。她發現農民因為過度勞動，手腳都磨出粗繭；她自忖吃了那麼多年白米，卻從未想過它的來歷，看到農民實際耕作，從播種、灌溉、施肥、除草、收割到碾成白米，方知「粒米皆辛苦」，她是真正領教了。

丁瑪特的父親是裁縫師傅，靠著一雙好手藝拉拔七個子女，她排行第六，順利念到最高學府仰光第一醫科大學，畢業後如願從醫，生活過得很順遂。沒想到人生的意外竟發生在她二十四歲時，擔任飛行官的丈夫駕駛小飛機墜毀，接獲噩耗，她哀痛欲絕！

當時兒子才一歲多，她交給診所的護理師輪流照顧，強迫自己工作，每天看兩百多位病人，一整天下來疲憊不堪；孩子大一些，她送他去寺院，讓法師教他讀書寫字，下診後接回家已夜晚十一點。還好兒子一直很乖巧，入學後成績也不錯。

讀完大學，兒子就去杜拜工作，母子倆感情雖深，但每次要分離，丁瑪特卻處之淡然，有過喪夫之痛，讓她懷有「無常觀」，愛子要出門了，她不去送機，而是照常工作。

加入慈濟後，她更感凡事自有因緣，當天該去發放或義診，她都按預定行程走，並不會為了兒子做改變。丁瑪特說，人身難得、佛法難聞，應把握機緣多做好事；承接柯瑪雅娜佛寺的義診，便是她以專業服務人群的方式，雖付出很多心血，但她心甘情願。

丁瑪特每月前往義診兩次，因為群居，很多女孩的皮膚長疥瘡，單靠塗抹藥劑效果有限，最重要是改善環境。因此，她選派了十名年紀較大的孩子擔任督導，管理所屬成員，定期把被褥和枕頭曝晒、消毒，並將周遭環境打掃乾淨。

她還很有耐心進行衛教，為她們講解疥蟲如何孳生，以徹底根絕此症。

## 眾苦病相為說法

二十四歲當上醫師，從診所服務到自行開業，丁瑪特在行醫二十多年後，突然將生涯做了一個大轉彎，改販售保健食品，「我賺的錢足夠後半輩子用了，想有更多時間去付出，如今看診多半是義診性質。」現年六十三歲的她覺得，加入慈濟，既能當醫師，又能做志工，兩種身分兼得，更有成就感。

回顧過往的醫師生涯，丁瑪特有諸多懷念。譬如，一位痲瘋病人發高燒，全身長滿了瘡，村民害怕被他傳染，將他趕到河上搭屋居住。丁瑪特心疼病人的遭遇，連著三天親往免費看診，後來那人燒退，她還指引他去專門的痲瘋病院繼續醫治。

很多因病而貧的例子，令她感喟。他們多數從事勞力或在市場賣東西，往往握來看診的錢，就是一整天的收入；面對這種情形，她除了少收費或不收，就只能徒呼奈何！

成為慈濟人後，碰到需要濟助的對象時，就可透過群體力量去幫忙，不僅給予醫療，更能做到心靈膚慰，身心靈可一併療癒。

她舉例身患骨癌的十一歲男孩奧都登（Aung Thu Rein）。慈濟人去骨科醫院探視特偉林時，無意中發現了他，那時他的右手臂已腫得像頭顱那般大。

媽媽說，他們住在離仰光三小時車程的勃固省鄉下，奧都登前一年去寺院短期出家，無緣由被人揍了一拳，不久右手臂就腫起來，後來愈腫愈大，當地醫師束手無策，才來仰光骨科醫院。醫師評估要打化療，費用二十多萬緬幣，他們根本負擔不起，索性出院暫住到和尚廟，母親忙著四處奔波去籌款。慈濟人前往和尚廟探訪時，奧都登告訴志工：「我很想醫好病，繼續讀書、孝順母親，自由自在過生活。」

聽到小男孩的卑微心願，志工問他：「若為了治病，醫師必須鋸掉你的右手，你願不願意？」奧都登一聽，急哭了：「我不要，請不要鋸斷我的手，我不要變成一隻手……」待平靜後，他還是答應了。

志工一邊為他進行心理建設，同時找來臺灣口足畫家謝坤山的影片鼓勵他，也再度詢問醫師，鋸掉右手後，治癒率有幾成？醫師坦白告知：「癌細胞已擴散到肺部，就算把手鋸掉，也只能延長生命而已。」那時，奧都登連皮膚都起病變，右手掌心和手背長出一顆顆膿包，非得要截肢不可，不然就有立即生命危險。

手術前，奧都登對志工講了一段話：「我啊，連一粒米都還未能回報母親的養育之恩……每天睡前，我都會祈求佛菩薩保佑您們身體健康，不要像我這樣受病痛折磨。」沒想到，此話成了永別之語，奧都登進到開刀房後，再也沒醒過來。

「臨死前，他還在教育我們！」丁瑪特說，她看著奧都登住院期間，幾度痛到難以忍受，都靠念「靜思語」來緩解痛楚，「願有多大，力就有多大」、「口說好話，心想好意，身行好事」……這幾句話他朗朗上口，雖是用來激勵自己，卻也教育了陪伴的志工群。

## 本土志工信念純

有觸動，就有前進的動力，丁瑪特十二年來孜孜不倦投入志工，正因她心靈受過深刻的洗滌，所以不退轉。

在緬甸，很多本土志工也跟她一樣不懂中文，但每當有活動都是跑在前頭。其中，如索丁薩溫（Soe Tin Zar Win）這位年輕的媽媽，去農村關懷農人和照顧戶，她與華人志工劉素英都負責生活組，照顧大家的餐食和茶水。

二〇一九年南下到孟邦和克倫邦發放，老家就在孟邦首府毛淡棉的她，很有回鄉的感覺，抓起麥克風就帶動前來領稻種的鄉親，她與華人志工康惠玲，一個用緬文、一個用中文，分別引導農人及海外志工們比手語。

當緬文版「一家人」的音樂響起，索丁薩溫優雅地唱比著「Do mi thar su ,Ta ku tae bar（因為我們是一家人）……」，過後又引領大眾一起祈禱。在芒果樹下人人雙膝著地，雙手合十、虔誠唱誦，場面寧靜而祥和，一股清涼襲上了心頭，此時天與人彷彿結為一體。

另一位本土志工多姬姬密（Daw Kyi Kyi Myint），也擔任多場發放的司儀。她談到，二〇〇八年風災之前，就聽過慈濟的行善事蹟，盼望有天能相遇；沒想到風災後，居然遇上了，她也如願加入志工，從協助發放大米、物資，一直到如今的稻種發放。

也是從二〇〇八年就一路走到現在的華人志工曾玉華，心有感觸地說：「初入慈濟時，我會想緬甸窮人那麼多，怎麼救得完呢？」後來她才慢慢發覺，慈濟講求「因緣」，有機緣碰到就要救，即所謂的「聞聲救苦」。

「救濟窮人，就像在救自心的貪、瞋、癡、慢、疑，因為我們太容易被自我的傲慢、五毒所蒙蔽，才會忘了原來的清淨本性。」曾玉華說，如同農人烏丁屯，他本心單純，故一下子就能抓住證嚴法師的法；而像她雖懂中文，照說領悟力更快，卻沒有烏丁屯掌握得好。「所以說『懂』，其實是『不懂』啊！」

她的肺腑之言，也算是緬甸資深志工的一番獨白，處於佛國，他們比其他人更易接觸佛法，可是拜佛、念佛多年，卻沒能真正領會佛法的精髓。

的確，是否熟諳中文，並不妨礙對佛法的吸收和參悟，語言也不會造成障礙，這是所有緬甸志工的共同心語；恪遵著「佛心師志」，儘管與臺灣的「證嚴上人」相隔甚遠，心的距離卻很貼近。

丁瑪特就常把「願大，力就大！」「不要小看自己，人有無限的可能。」等幾句「靜思語」掛在口中，且講得字正腔圓。這更證明了語言不是問題，端看是否夠用心。

## 愛上第二故鄉——緬甸臺商

「緬甸是個漂亮的國家，人文色彩豐富，我覺得每個人都很美！」這是臺商林治民的第一眼印象，當時他看到街頭有人挑著扁擔叫賣，突然感覺好熟悉：「這不是臺灣電視劇裏常有的場景嗎？我好像回到了唐朝時代。」

林治民所稱的「美」，並非指輪廓漂亮，而是張張笑容可掬的臉，讓人感覺親切。

一九九四年，他隨著新婚妻子黃露玲回鄉補辦喜宴，甫一踏入，就深深被這塊土地吸引，不論民風、人情或治安都覺得可貴，這位臺灣來的女婿決定要來定居，妻子卻不贊同！

林治民對緬甸可謂「一見鍾情」，動了投資念頭，然而黃露玲堅決反對：「我好不容易才去了臺灣，那裏什麼都進步，不像這裏，醫療、教育、經濟全面落後，我怎麼甘心回來？」

黃露玲是緬甸華人，娘家做小家電批發，在緬甸規模最大。一九八八年八月八日仰光暴動後，政府關閉全部學校，父母轉送她去臺灣讀大學。

三十多年前，緬甸人要出國很不容易，就像生離死別，因時局太亂，多數人出去後就不想再回來。黃露玲到了臺灣，考上東海大學經濟系，起初語言障礙讓她吃盡苦頭，靠著寒暑假努力修補中文，第二年起已能應付過關。

與林治民相識，是因畢業後同在一家德資貿易公司上班，她擔任會計，林治民是業務人員，她常搭他的便車，久而久之就滋生了情愫。

婚後兩年多，林治民決定帶著黃露玲回仰光發展，用存得的一百萬臺幣當基底，開始做原子筆的代理經銷。之後又自設工廠、自創品牌，也擴展做其他文具，現在更投資蓋飯店，事業版圖愈做愈大，這位從臺東鄉下來的窮小子，總算是闖出名號了。

## 行跪拜禮，感謝照顧之恩

納吉斯風災發生時，林治民的工廠圍牆也被沖倒，但聽到南部災情慘重，他二話不說就放下工廠，與妻子開車載著物資到重災區坤仰公發送。

從災後第四天起，他們每天都與友人結伴南下，發放米、礦泉水、食用油、麵包等給受災民眾；之後，乾脆召集員工組成一團，帶著帆布、豆類等共十三種物資，車子開到哪兒就發送到哪，到不了的地方，就借用牛車載送。

他們奔走了好幾天，整個臉晒得紅通通，皮膚也脫皮了；但卻發現怎麼救都救不完，路邊常有人攔車，或是一堆人坐在那邊等待食物。碰到物資不夠發時，就先記下地址，下一趟再去補送。

身處佛國多年，林治民常聽到「因緣果報」這些字眼，與受災鄉親互動時，他能感覺到他們雖然哀傷，卻沒有大悲大慟的過度情緒。林治民的感想是：「佛國子民浸潤佛法之深，當他們遭受重災，甚至面對親人罹難，雖然也會悲傷，但願意接受事實，很快就能調整心情，重新再出發。」

賑災到了第十天，他認為一直這樣發也不是辦法，首要解決的還是溫飽問題。剛好有位寺院法師推薦給他二十七位災民，都是農田被淹沒，短時間內難以復耕者；林治民將他們全部帶回工廠做工，不僅給予工資，也安置住在家中，免費供應吃住。

緬甸人米飯吃得多，他預估每人一餐大概吃三碗飯就夠了，沒想到，一包三十公斤重的米，一、兩天就煮完了；不過他們吃得很簡單，每餐飯只要有臭魚醬當配菜，就能夠飽足，很好款待。

他還把住家旁邊的桌球室，整理成大通鋪讓他們睡。有天，他很早起床，卻發現他們全睡在陽臺上，原來是覺得室內太悶，想看著星星和月亮入睡，才感覺舒服。

這二十多人，分別待了二至六個月，才一一告別。臨走前，他們對林治民夫婦行跪拜禮，感謝照顧之恩。林治民感動地說：「回去做你們最熟悉的農務吧，祝福好運！」

二〇〇八年六月，林治民和黃露玲夫婦因是臺商會成員，被邀請去飯店聽慈濟全球志工總督導黃思賢的「幸福人生講座」，決定跟隨投入救災，那時他們到農村和學校發放，二十七位住他家的災民也同行去搬運稻種和文具。

林治民從大學時代就學佛，來到緬甸後，常去打坐參禪。他喜好探究事情背後的意義，常愛問：「為什麼？」參加慈濟活動過程，若發現做法上有疑問，也不吝於提出來討教。

有次，他開車載送五、六位志工去唐德鎮探訪個案戴維妮姊妹。當他看著一群人大老遠跑來，車程要兩個多鐘頭，卻只為了送兩包米給這對姊妹，立刻發問：「為何一次只發這麼一點點米，還要跑那麼多趟，這樣不是很浪費油錢嗎？」

志工葉淑美當場告訴他：「慈濟除了照顧『人』，也要照顧到『心』，重要的是『效果』，而不是『效率』！」聽到這句話，林治民揣摩了好久，好像聽懂了。

隔了一會兒，他又再問：「我們幫這對姊妹，要幫到幾時才結束？」李濟瑯不加思索地回答：「照顧她們到成年為止，只要慈濟在緬甸一天，就會繼續做。」

林治民原先的認定，是幫忙一下就了結，因為他自己事業很忙，無法多停留。但聽到資深的志工這樣一講，他開悟了：「要照顧一個人到能夠自立，需要好長的時間陪伴！」這也使他願意跟著大家的腳步走，持續付出。

## 捐地含建物，共修有會所

臺商溫斯郎也是透過臺商會的管道，加入成為慈濟志工。

他於一九九七年底來到緬甸，本來投資編織工廠，也兼做房地產。一開始並不順利，亞洲金融風暴導致緬甸整體經濟下滑，通貨膨脹嚴重，原先一緬幣可兌換臺幣八、九元，一直貶到二〇〇八年風災前，一臺幣已等值四十幾元緬幣。後來，他好不容易賣掉房產，將資金投入做珍珠奶茶生意，摸索許久才漸上軌道。

溫斯郎說，剛來時，他壓力很大，飲食也不適應，一個月就瘦了四、五公斤；走在路上，看到緬甸人總穿暗色衣服，更覺心情鬱悶。但既來異鄉闖天下，就不走回頭路，當時汽車昂貴，他下不了手買車，便學會搭公車、自帶便當出門。

幾經奮鬥，他算是熬出頭了，除了飲品也兼賣簡餐、烘培麵包，店面從一家擴展到十家，在仰光到處有分店，而被人稱為「珍珠奶茶大王」。

生意做成功了，但獨自在異地生活，難免還是寂寞。幸好遇上了慈濟，這十二年來，有許多志工相伴，不論緬甸或大馬人都是法親；就如張濟玄每次來到緬甸，都是住他家，溫斯郎總會對他吐苦水，舒緩一下情緒和壓力。

雖然要照顧十家店很忙碌，但溫斯郎盡可能撥出時間參加慈濟活動。他感覺加入這個團體，自己最大的改變是戒除「菸癮」；從前他心情不好就抽菸，家人都難以勸阻；但自從二〇〇八年十一月去了一趟靜思精舍，當下表示要戒菸，這讓妻子都感吃驚！

從外行到回歸內在修為，溫斯郎說他在佛國生活了二十二年，是接觸慈濟後才有歸屬感，之前他總當自己是「過客」，來緬甸只為了賺錢；而如今，他已視自個為「緬華」的一員，會跟所有人搏感情。

做生意，他重視以結緣心態，餐飲都訂在中低價位，也確認供給顧客的是好品質；對待員工，等同是親人，要求服務態度外，也肯栽培他們去讀函授大學；當中有幾個店長就是這樣被拔擢出來，也算是為緬甸培植人才。

而對待慈濟的助學生，他即使懂的緬語不多，也會盡量擠出幾句簡單的口語與之勉勵；看待眾多的農民們，他則抱持著疼惜心，每想及店裏供應的米食，都來自這些辛勤的大地耕種者，又豈能不感恩呢？

「我可能上輩子就跟緬甸人結了好緣，才會跟他們關係這麼深。」溫斯郎表露，在佛國生活久了，他很難不被本土信仰所薰習，過去因事業忙，只會在生日之類的節日去捐錢布施；而今加入慈濟，能做的善事很多，慈善訪貧、農業關懷、教育助學，還有大型的賑災發放，每一項志業都需要錢，他除了自己捐，也持續向臺商們募款，大家都很有愛心。

就像最早時，以郭坤石為主導的臺商會集資捐助一部十三人座的廂型車讓慈濟人使用，無論下鄉或去遠途探訪，有這部菩薩專車接載，帶給大家很大的便利；二〇一九年三月，臺商會又與慈濟結合共同幫坤仰公的昂杜卡（Aung Thukha）孤兒院學校援建簡易屋，臺商們先打好基礎後，再由大馬和緬甸志工一起施作，將整體搭蓋起來。

在事業繁忙之際，如何兼顧做志業？這對溫斯郎真是個難題，他也不斷在克服，很想做到「事業」與「志業」能均衡發展，就因謹記著證嚴法師的一番勉勵：「頭頂人家的天，腳踩人家的地，就要懂得回饋！」

也因此，當他看著緬甸志工正大幅成長，現有聯絡處已不夠容納，也難舉辦大型活動；便下定決心，跟父親及姊姊等家人商量，慨然捐出哥哥和他所屬的一塊地含辦公室，要給緬甸慈濟人有個寬敞的新家使用，面積約兩百坪，這對華區的志工而言，搭公車很方便，現已裝修完成，二〇二〇年三月中啟用。

## 純樸善良民風，千金難買

財施、法施、無畏施，在緬經商的臺商受證成為慈濟委員、慈誠者，除了林彥甫與李金蘭、林治民與黃露玲兩對夫妻，以及溫斯郎外，還有二〇一五年才從蘇州隨著眾外資遷移而來、做汙水處理工程的蔡重吉與郭敏姿夫婦。

對臺商們來說，到了異國打拚需加倍努力，故捐錢是最直接的方式；但要能捨出時間就很不容易，因為有太多繁雜的事要處理。

二〇一九年二月的大型稻種發放，林治民和黃露玲、蔡重吉和郭敏姿這兩對夫婦，分別承擔起兩組的組長，李金蘭則出任協調；溫斯郎雖沒法全程參與，但每晚都從仰光開車來勃固關心海內外的慈濟家人們，給予精神支持。

林治民說，去到農村，感觸最深的是農人們雖窮，卻活得很自在。水患來了，田地被毀，他們傷心在所難免，但很快就能過去；有人來幫忙，農民很感激，聽到慈濟力推「一把米」助人，也願積極存米做布施，情意非常感人。

而他所領隊的那一組，還發生了一段插曲。那是來自吉隆坡的李文傑，他為先遣人員，某天去發放現場布置完，開車欲返回旅館，途中卻被兩位警察攔下，由於雙方語言不通，他便把林治民的手機號碼給了警察。接通後，李文傑先跟林治民講了幾句，說看到警察比著「二」的手勢，認為對方可能要敲詐，叫他交出二十萬緬幣。

輪到警察與林治民通話時，李文傑因為害怕，開車先溜了！結果，林治民問明，是有農民想送自種的二十顆西瓜給慈濟人，感恩前一日來發放稻種；但等了好久，遲遲不見慈濟人出現，就託給警察處理。

真是誤會大了！當天林治民帶隊訪視結束，由警察帶去拜訪那戶農家，果真其妻就搬出二十顆西瓜要贈送；盛情難卻下，志工們最後收下六顆，帶回去分給每一組一顆，讓大家同霑喜悅。

純樸的農人，是用這樣直接的方式來表達心中謝意，這讓林治民感受到，寶貴的民風和惜情，是任何財力都買不到的！

蔡重吉和郭敏姿夫婦，也從稻種發放中，領悟到「行經」比「念經」重要。他們是唯一去到孟邦和克倫邦發放的一組，在一處寺廟定點，外面泥土路散滿了小石子，女眾志工走在上面，頻被刺到而喊痛。

蔡重吉聽到後，說了一段饒富深意的話：「赤腳走路會痛，就當成在放電，把負能量釋放出來！」從吉隆坡來參與發放的志工關慈瑜說，此話對她很有啟發性，痛感就不見了，而感覺在做腳底按摩。

除此以外，臺商也因生意往來，隨緣接引了一些陸商同做付出。如做電線電纜工程的實業家魏子波，最近就提供了一處位於市中心的精華地段五十坪空間，要給慈濟人做教育和人文推廣之用，裏面也會展覽各種叢書。

接引他的林治民說：「緬甸是我經商之處，也是我養兒育女的地方，宛如是我第二個故鄉，我希望它變得更好。」他早將自己視為緬人的一分子，充分融入其中，就連公司開會都是用緬語交談。

妻子黃露玲看到丈夫以緬甸人為尊，也感到欣喜：「現在想一想，我們走的是一條正確的路，當初他決定要回來是對的，我們真的過得很幸福！」

溫斯郎、蔡重吉與郭敏姿夫婦也表示，因為做慈濟，他們感覺快樂，也想多參與；也因有機會助人，生活變得更有意義。

慈善這門功課，做起來並不簡單，但臺商們有心為之，還是可以做出成績來。

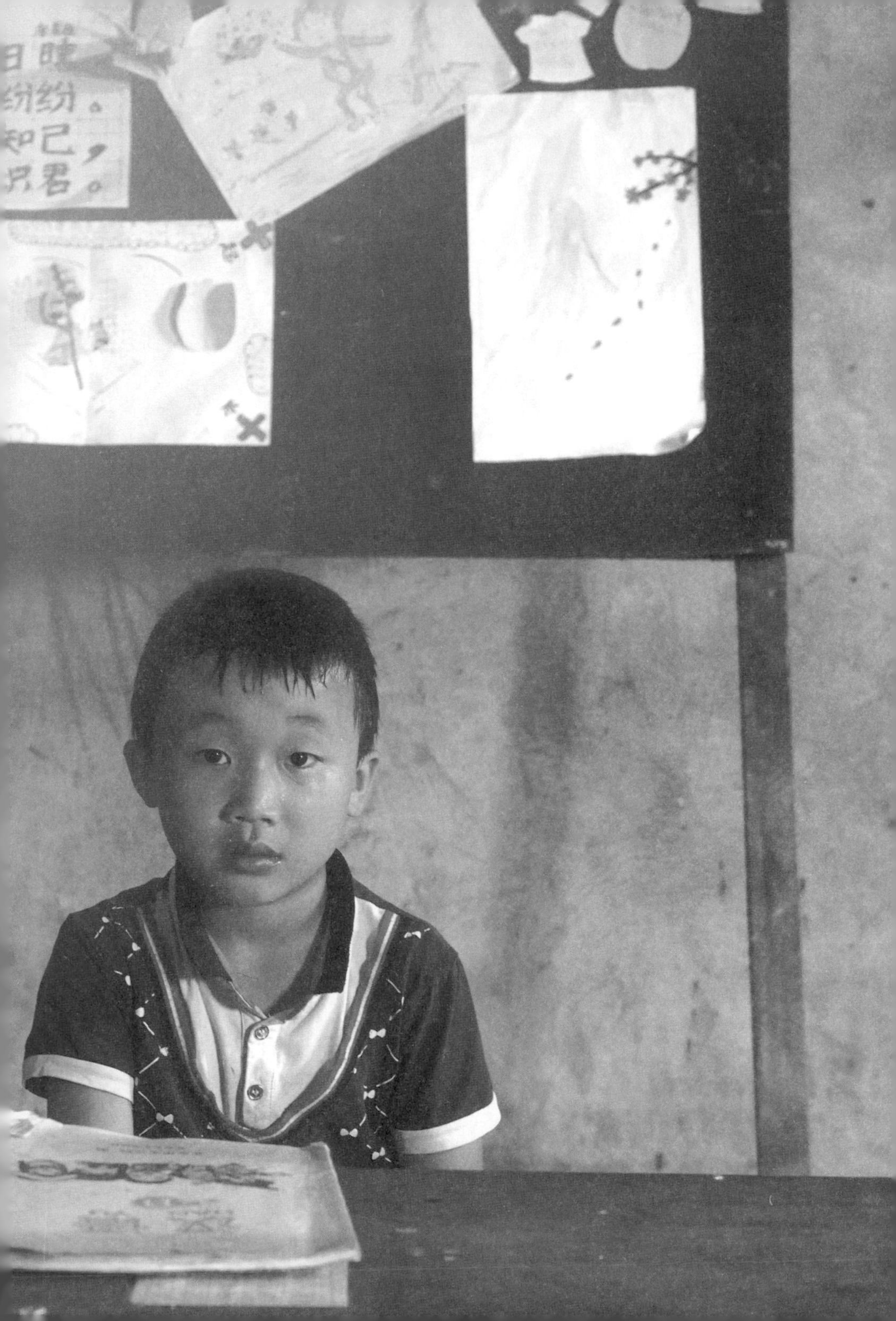

輯六

# 華人子弟不忘本

## 華人移民血淚史

幾次赴緬甸採訪，我和攝影記者都投宿在華區的旅館，一來便宜，二來當地華人志工來往方便，出門時很快就能集合上車，還借重他們幫忙翻譯，可說一兼數顧。

從旅館走出去，廣東大街上，人潮雜沓、熙來攘往，兩邊商店雲集，騎樓也擠滿了各式攤商，賣鮮花、蔬果、小吃、土產、雜貨、服飾、日用品等，應有盡有，每天從早熱鬧到晚，幾無片刻沈寂。

這裏是華人聚集的大本營，但跑攤來做生意的印度裔和緬族人也不少，大家清一色都穿著圓筒裙，男生穿的叫「籠基（Longyi）」，打結於前；女生穿的叫「搭曼（Ta Mane）」，纏結於腰側，從外觀看，難以分辨各族裔的不同，唯從面容輪廓能辨出幾希！

而特別的是，能說和寫中文的華人，年紀都已超過六十歲，那是因他們讀過華校。在排華事件後，華校被關閉五十多年，華人也日漸緬化，只有從各姓氏會館及閩粵的信仰中心「慶福宮」和「觀音亭」，仍可嗅出濃濃的中國味……

### 父輩禁異族通婚

常協助我們翻譯的林佳慧，現年六十八歲。其外曾祖父是從廈門搭帆船過來，落地後先在南部伊洛瓦底省鄉下幫人種菜、摘椰子。

八年前還在世的林母表示，祖父告訴過她，當年賺四塊錢，要寄兩塊回廈門老家；省吃儉用存到一筆錢後，才跟表哥合夥做生意，賣油、鹽、蔥頭、辣椒等土產；後來事業有成，回鄉娶妻、蓋大厝，光耀門楣，婚後定居在緬甸。

一九三二年，林母四歲，緬甸人反抗殖民政府，英國派軍鎮壓，到處兵荒馬亂，全家逃回福建；她八歲那年，時局平穩，才又回緬甸，經營礱米廠、雜貨店，算是很富裕。

林母說，一九四八年緬甸剛獨立，仍有少數英人不甘，煽動南部克倫族人叛亂；他們家的礱米廠也遭暴民燒毀，財物被洗劫，全家人於是移往上緬甸做土產買賣，後來生意逐漸做回下緬甸。

林母是在仰光結婚，婚後回到南部鄉下居住，在那裏生下長女林佳慧。而林佳慧的父親是福建南安人，為了逃兵，一九三八年來到緬甸，與林母在仰光做生意結識。

林佳慧的外曾祖父與其父，宛如早期華人移民來緬的縮影。他們認真打拚、勤奮做事，但骨子裏仍非常中國化，給子女受華文教育，不贊成不同省籍通婚，更別提與緬族人結親了。

林佳慧幼年隨父母經商，住過中部大城曼德勒，後來定居在仰光市九文臺區，她從小學到初中都讀華校，直到被政府收掉。「父親的土產加工廠在頂甘鐘，那一區少有華人，華僑中學被收走後，必須去念緬校，父母擔心我嫁給緬族人，乾脆不讓我讀。」

因為家境不錯，林佳慧從未謀職，都在家裏幫忙，也終身未婚。「我很多朋友也都單身，父母不會逼婚，處在佛國就有這個好處，沒結婚可以全心拜佛。」

只是在緬甸住久了，華人不免逐漸緬化，林佳慧說，她跟父母日常用緬語交談、穿緬服紗龍、喜吃酸辣口味食物，也常去供僧和捐錢做功德；不過，他們仍保有華人過傳統節日的習俗，如農曆春節和七月半都會祭拜。

## 社會繁華到沒落

昔日，仰光被閩人稱為「絕頭港」，意謂距離家鄉遙遠、難以再回首。當年，移民從廈門搭船出發，途經汕頭、香港、西貢、曼谷、新加坡、檳榔嶼等處，飽嘗驚濤駭浪、飄洋渡海之苦，少則數月，多則延遲經年，才能到達緬甸，先落腳緬南的土瓦、丹老及毛淡棉一帶，後始轉陸路或搭船來到仰光。

而所謂「華人區」，泛指從南勃陶到唐人坡（現稱大金塔路），以及從海濱街到河邊街，這交叉方圓總面積不到四分之一平方公里的範圍，以廣東大街為界，北段多住粵人、南段多為閩人。有趣的是，商鋪也有區別，坐南朝北多為閩鋪，坐北朝南則為粵鋪，閩粵方言不同，習慣也不一，形成了自然的區隔。

這一區還可見各姓氏的會館，如龍山堂（曾邱）、九龍堂（林）、穎川堂（陳）、江夏堂（黃）、太原堂（王）、隴西堂（李）、清河堂（張）、盧山堂（蘇）等，幾乎聚集了所有閩人的社團，粵人也有「廣東同鄉會」、福州人有「三三會館」。閩、粵各自參拜的「慶福宮」和「廣東觀音亭」亦座落於此，「孔聖廟」傳揚儒家精神，「武帝廟」表彰關公忠膽，以及具團練色彩的「和勝堂」和「建德堂」，當受到外侮時就負起保護會員之責……這些帶有中國風的建築和組織，都顯示著華人的不忘本。

與林佳慧同齡的曾麗珠，在慈濟承擔志工培訓的工作，也常帶隊去訪視；而新近稻種發放，她與大馬志工吳儀榮擔任第一組隊的領導，要協調很多事情。

攤開家族史，曾家也有過輝煌時刻，亦有血淚斑斑的一頁。曾麗珠的祖父最早從廈門攜布匹到緬甸販售，以現今行話，即跑單幫賣中國貨。後來祖父成立貿易公司，到她父親接掌，母親任職會計，兩人相戀而結婚，生下了六名子女。

排行老三的曾麗珠憶起童年，父親事業做得很成功，那是緬甸最好的時期。

林佳慧的母親也補述：「那時候很多外國人來經商，自由貿易、百花齊放，進口都是一些英、法、德等國上等貨，我很常去逛英國人開的羅伊百貨公司，也買過法國高檔化妝品；臺灣的歌仔戲團來演出過，我很愛看的。」

只可惜好景不常，繁榮日子才過了十幾年，一九六二年軍人奪權後，實行所謂「緬甸式的社會主義」，把私人企業和商店全收歸國有，三年後華校被廢除，過了兩年又發動排華，國家從此陷入了衰敗命運。

「店被收走後，改為國營統一販售，但政府不懂做生意，很多東西都堆在倉庫放到爛掉。」林佳慧說，她當年還小，只記得買米、油、鹽都要排隊，每戶按人口數發給單子，再去合作社領買；但米常不夠發，買布也只給兩米，從未見過一整匹。後來漸有人從泰國走私，母親只要一買到布，立刻剪開縫成好幾件紗龍，因為被查到可是要被抄家的。

軍政府執政初期不允許有私人產業，曾麗珠家的公司也被沒收過，大約到一九六九年，政府眼見國營化實在經營不下去，才又開放私人申請，但必須拿出證明，還要給錢，才能把店贖回來。一連串的打擊，讓華人感覺生命財產沒有保障，才有人入了緬籍。

曾父很早就提出申請，因他做生意常跑海關，若無緬籍就行不通，幾個孩子也跟著入籍，後來曾麗珠才能去念仰光大學。若非緬籍生，成績再好也會被分派到緬北的密支那、東枝等地學校；像她弟弟及五妹因無入籍，就讀不到好學校；么妹入了籍就能讀醫學系，目前在臺灣行醫。

曾麗珠大學畢業後，父母不讓她當公務員，也是怕她嫁給緬族人，那時緬甸產業急速衰退，她在家賦閒了十年，三十多歲才跟著朋友去泰國學美髮。學成後，在泰國待了幾年回緬甸開業，當時父母年歲已大，家裏經濟全靠她撐著。

## 慘痛的排華經歷

關於排華的歷史，甫受證為慈濟委員的陳美燕，感受特別深刻，因現年六十九歲的她，當時也是熱血青年之一。

陳美燕小學念中華學校，那是緬甸最古老的一間華校，前身為「中華義學」，一九〇三年由一群熱心華僑聯合創辦。接著，她讀南洋中學，升高二那年暑假，正是一九六七年，也就在當年六月二十六日爆發了「排華事件」。

起因是中國在鬧文化大革命，緬甸偏紅派的華校師生，也紛紛戴起毛澤東的徽章響應，展現愛國情操；剛好那年稻米歉收，軍政府就藉機煽動暴民將怒火導向華人，從學校擴及整個華區，到處打、砸、燒、搶；但也有一些緬族人見義勇為，搭救了不少華人。

陳美燕那時也帶了徽章，而被帶去軍營訊問，與一些僑領關在一起。後來是母親拜託派出所的員警將她保出來；起初，她還很有骨氣，堅持不肯走，一副天不怕地不怕的樣子。「現在想起來，實在可笑！我們等於是代罪羔羊，被政府用來轉移注意力，當年全國缺米，若不把怨氣出在華人身上，肯定會引起暴動。」

排華風波時，軍政府抓了很多左派分子，陳美燕有幾位老師就被關入因盛監獄，那是拘留政治犯所在，代表情節重大；而在南勃陶集會的一群「教師聯合會」教師，被人從樓下縱火，有人活活被燒死，也有人急著從樓上跳下，摔死了。

還有一些人逃回中國，但因文革在境內搞得一團亂，同樣苦不堪言。那時陳美燕已將緬證撕毀，打算回祖國讀書；卻聽到傳言，毛主席又發起「知識青年下鄉」運動，回國的學生不是被分派到閩北武夷山上，就是下放到山西鄉下、廣西南寧、雲南西雙版納等偏遠落後地區，很多人無法適應惡劣環境又返回緬甸。

經過六二六慘痛教訓後，華人開始噤若寒蟬，逐漸收起唐裝、改穿紗龍保護自己。

陳美燕後來續讀高中一年，接著考上大學，父親已過世，母親在翁山市場賣童裝，只夠維持一家六口生活，她的學費是靠姨丈資助，自己也去當家教。賺得的錢，除了幫忙家庭，還要繳交每年持華人登記證五十元費用，那筆錢足夠她付三、四學期的學費，只怪自己一心想回中國，而把緬證給撕了。

無緬籍證者，出入會受到限制，去另一區或其他城鎮，十四天前就得向移民局申請，抵達時要報到，回來後又得報備，行動很不自由；也無法購買汽車和房子。種種制約，讓華人感覺很沒希望，有人乾脆持外僑證出國，一去不復還，機場常上演生離死別的畫面，讓人見了鼻酸！

陳美燕之後是靠幼年養育她的緬族保母作證，才又重新回復緬籍身分。

## 華文教育化明為暗

華校被廢止後，仰光的華文教育便「化明為暗」、轉為社區化，不是由各會館聘請老師來教，就是坊間以補習班名義招收學生。隨著時光推移，新一代的華裔子弟很多不會說中文，慈濟到緬甸賑災，協助翻譯的華人不是已上了年紀，就是出自緬北的華人，因在仰光無法辦華校，但在緬北卻以各種隱晦形式，將華校保留了下來。

對於此，慶福宮的耆老不免有些感慨，他們都是最初啟建寺廟的二十四姓氏後代。想及先祖冒著生命危險、勇渡汪洋大海，才能登陸緬甸；又為了延續民族文化，從福建用大輪船運來磚頭和建材，還選購青崗石和泉州白石，做門楣、門限、柱子、石階、矮牆、庭階，連建築師也從中國請來，經過精雕細琢才創造出如藝術般的宮廟。

至今，各宗親會館及慶福宮仍戮力保存中華文化，包括辦學堂授華文、元宵節舉辦猜燈謎、初一、十五祭祀活動，媽祖、關公、觀音聖誕也各有慶典，即是希望華人們莫忘了自己的根源。

年近八十歲的許斐宗是第二代移民，他指出，閩人來緬，多數從事土產買賣和開雜貨店，粵人多做木匠，福州人開茶店、潮州人賣藥，各有所長，到了他這一代，都已經很成功；但歷經幾波大劫難，先是店被收，後又有三次大額鈔票被禁用，財產一夕轉成空，真的很悲慘。

許斐宗說，他後來能贖回店面，是靠女人家積存的金飾拿去變賣，才能重新起步；有先見之明的他，寧可多花錢栽培孩子上英式學校。如今，他的子孫都在美國發展，有當科學家、女軍官、工程師等，還有個孫子任職於美國太空總署，子孫輩有三十多人遍及紐約、舊金山、華盛頓等處，都非常有成就。

問他是否想出國依親？許斐宗說：「我曾去美國住過五年，左鄰右舍互不打招呼，很不適應；還是住在這裏習慣，老友也多。」他稱，緬甸雖落後，卻很純樸，人情味也濃，走到哪兒都有相識之人。

對於緬甸已開放，經濟正在起飛，年輕一輩是否想回流？許斐宗認為，下一代還是留在美國好，「緬甸再進步也比不上別國，我們的幣值太小了！」

土產店被收走後，改做化妝品事業的吳善琴也表示：「就一句話，變數太多了！」他說，華人吃過無數次虧，雖說已開放，但全國電力、基礎建設仍不足，外國人是否敢大量來投資，還未可知？即便新政府上臺後，不斷揚言推動改革，但能否變得比以前更好，大家也存疑？不過，畢竟世居好幾代了，這些耆老對緬甸都有分特殊的情感。「我當然希望國家愈變愈好，因為我也是其中一分子啊！」吳善琴說。

已近一百六十年歷史的慶福宮，面對著廣闊的仰光河，它見證了多少世代華人的起落、興衰，如同晨間的朝陽升起，也像傍晚夕日落下，日升月落間，幾度辛酸和血淚都只能往肚裏吞；然而，具有堅毅性格的華裔子弟們，承載著民族的光榮和血脈，就如門前臺階的青崗石一樣，隨著年代一久，只會愈磨愈亮愈光滑！

（參考資料／馮勵冬著《緬華百年史話》）

## 人不親土親

擁有一手好廚藝的黃秋萍，在團體活動中總能烹飪出美味菜餚，讓人聞香即忍不住食指大動；兩個妹妹香萍和滿萍也擅長烹飪，全被她帶進慈濟做香積，姊妹三人感情很好、又有妯娌關係。

她們的好手藝傳承自能幹的母親。當年父母兩人來緬，一切從零開始，若非有堅苦卓絕的毅力，如何能立足？其母是廣東梅縣客家人，二次大戰後與丈夫移居到離仰光兩小時車程的東卦小鎮，靠著開麵店兼賣簡餐，撫育了十一名子女。黃秋萍一談起母親，就是百般讚歎：「媽媽既要做生意，又要照顧家庭，全部一手包，真的很了不起！」

## 上一代創業艱辛

黃秋萍現年六十五歲，在家排行第五，上有兩兄兩姊、下有三弟四妹，她夾在中間，除了大哥是家中長孫留在大陸外，其他孩子都在緬甸出生。小時候，母親常提起早年創業維艱的過程，就要孩子懂得飲水思源。

黃秋萍說，母親煮的麵是有名的好吃，他們的麵店在東卦鎮遠近馳名。碰到不會做的菜，母親也肯學，如梅縣人中元節不拜拜，是拜端午節；而住隔壁的福建人，七月半包粽子，會送幾顆給他們品嘗；但孩子太多不夠吃，母親就向鄰人學習，以後孩子們就年年有粽子吃了。

母親也跟閩人學做衣服，因為有次鄰居的老媽媽幫女兒縫了衣服，也送來一件給同齡的黃秋萍；母親怕其他孩子嫉妒，就去學了縫給每人一件。鄰居之間常禮尚往來，閩人醃醬菜會端來給他們吃，母親也回贈烤肉皮。

黃秋萍當年還小，出口直言：「我們送的東西比較貴呢！」母親立刻糾正：「人家給我們一兩，我們就要還人一斤，重點是情義而不是價值。」這一點，黃秋萍牢記在心，母親的言行舉止對她影響深遠。

她還永遠記得，有次一位客人鬧事，吃完飯後不給錢，並將匕首插在桌上藉以示威；當下，母親竟拔起刀子就往警察局跑，那人嚇到啞口無言，只好乖乖付帳；而家裏若需跟政府打交道，也由母親出面，這分勇氣和擔當讓孩子們十分佩服。

從小，母親就會分派子女做家事，男生餵豬，女生鋪床、倒尿壺，店裏的工作也輪著幫忙。及長時，黃秋萍好不容易考上大學經濟系，為了幫忙麵店的生意，心裏很糾結，最後選擇念函授大學；但當看到同齡的孩子提著行李，準備去大學報到時，她再也按捺不住，躲進去廁所裏哭！

## 下一代從醫耀祖

隨著年齡漸長，父母開始幫她物色對象；已二十七歲的她硬是不肯，還賭氣三天不吃飯。後來，母親含淚對她說：「緬人有一句話，若姊姊發達了，做兄弟的會把她請到客廳供著庇蔭；若是兄弟發達了，姊姊就要待在廚房，一輩子都走不出來。」意思是說，若她不嫁人，就會像老媽子一樣供人使喚；經過母親懇切勸說，她終於點頭。

訂婚當天，她初見到未來的夫君，穿著緬甸傳統服裝，差點打退堂鼓，她怕別人誤會她要嫁給異族。對方得知後，立刻回去換上長褲，才把這門親事定下。

到了妹妹香萍也長成，所選對象卻是道地的緬族人，這真要鬧家庭革命了！「媽媽不喜歡我們跟外族通婚，我偏偏違反了她的旨意。」黃香萍說，他們談戀愛，家人並不知情；當年才十九歲的她，決定私奔去結婚，父母知道後大為光火。

香萍生完第一胎後，才偕同夫婿抱著孩子回娘家，請求父母原諒；父母雖對漂亮的女兒嫁給緬族人感到可惜，但事已成定局，也只好接納。

黃香萍說，婚後他們沒跟公婆住，丈夫也處處遷就她，而他也喜歡吃中國菜，兩人又都信奉佛教，生活上並無衝突。一般緬人不拜祖先，他們家的佛龕，最上層供奉佛像，第二層有法師照片，第三層則是她父母往生後的牌位，丈夫也沒意見。

子女長大後，兒子到馬來西亞讀大學，女兒考上了醫學系，就去華文補習班報名學中文，丈夫也支持，他說有一天會用上；而對香萍來說，她希望兒女不忘本，要了解有一半的血統來自華人。

現今，包括黃秋萍的女兒、香萍的女兒及滿萍的長子和次女都當上醫師，三姊妹的下一代紛紛走上醫學之路，終不負父母輩的期望。

秋萍的丈夫與滿萍的先生是兄弟，她們姊妹變妯娌；香萍和滿萍又住得近，三姊妹常相互提攜，有好事就相報，所以秋萍一進入慈濟，便也把兩位妹妹引進來。

## 緬族學生知回報

在緬文補習班教書的齊春英，也很早就加入慈濟當志工。她與黃秋萍在大馬慈濟人來帶讀書會時相識，一路上，訪貧、下農村發放稻種、關懷助學孩童等，都相伴而行，勤快地投入。

齊春英的父親是福州人，他們齊姓一家，在中國時就做茶葉生意，他二十九歲來緬仍重操舊業，隨後其妻也帶著三名子女前來。正逢二次大戰剛結束，中國民生凋敝，而緬甸正是富裕之時；最早他們在伊洛瓦底省落腳，之後才來仰光開茶鋪，齊春英也在此出生。

齊春英大學畢業後，就去鄉下當小學老師，月薪兩百元，不僅可養活自己，還綽綽有餘。「當時幣值很大，一美元兌換六緬幣，之後就一路滑落，一九九八年金融海嘯時，跌到一千四百多元；現在則要一千五百緬幣才能抵換一美元，差距太大了。」

她很慶幸自己出生在仰光，不像黃秋萍住在偏僻小鎮，沒有華校可念，也不會說中文。齊春英趕上緬甸最繁華時代，就讀中國女中的小學，去學校都必須穿皮鞋，很重視禮儀；但讀了兩年，華校就被收走，她只得念緬校，空暇時才去上華文補習班。

齊春英的成長期，歷經了緬甸大變革，一九六二年，奈溫領導的軍人政府取代吳努執政；五年後，又爆發排華事件，仰光首當其衝，種種慘狀她歷歷在目。

當年她才十歲，華區遭到大洗劫，父母經營的茶店也不能倖免，財物被搜刮一空，器材遭搗毀，就連石製的桌子也破壞掉；一群亂民從早上九點鬧到了下午四、五點，浩劫一結束，父母馬上關店，長達三、四個月不敢做生意。

他們住的印度區，距離華區很近，鄰居印度人一見她探頭出來張望，好心告誡：「喂，中國小女孩，外面很亂，趕快躲進去，不然等一下他們看到了，會來打你喔！」嚇得她趕緊躲進屋內，把門窗都鎖起來。

事後，她再回想起這一段，仍覺得恐怖！而父親眼見多年的心血，瞬間化為烏有，十分心痛，血壓驟然飆升，隔年就中風猝逝了。

「我們跟印度人和緬族人一向處得很好，每天茶店打烊後，鄰居都跑來找父母聊天，我也會當小老師教其他小朋友寫功課。」齊春英回憶說，鄰居中各族裔都有，大家相處很融洽；若非有心人刻意操作，也不會發生此等慘烈之事。

長大後，她去到鄉下教書，學生也都是緬族人。要調回城市前，有個孩子還用紗龍布背著一顆大西瓜來答謝她，他家的西瓜田很遠，中途並無大樹遮蔭，天氣很熱，學生走得滿身大汗，讓她很感動；那顆西瓜，她遲遲捨不得剖開來吃，就因感念著那分情。

如今，她任教於緬文補習班，學生遍布各族裔，師生情誼很深，常常走在路上，就有教過的學生來向她打招呼，所以她根本就無種族區分情結。

## 大馬志工中認親

雖是身為華人，但齊春英自認很愛國。一九八八年八月八日學運爆發時，她正在中央醫院照顧患胃癌開刀的母親，儘管未參加抗爭，卻對那些學生寄予同情；因為就將付學費了，政府卻突然宣布廢除大額紙幣，一夕之間，現金變成了廢紙，人民財產損失鉅重，才會走上街頭發出不平之鳴。

她在醫院裏，看見民眾受傷被抬進來，住的印度區，牆壁被打得彈痕累累；前往醫院途中，美國大使館附近槍聲大作，軍人對學生們掃射，實在很殘忍！

次年，母親病逝後，第二波抗爭行動又起，此時奈溫已下臺，換成盛倫掌權，這一回連電影明星、公務員、僧侶等都出來示威，身為教師的她也上街參加遊行。最後，軍政府依然以殺戮收場，造成很多人喪命。

一直到二〇〇八年納吉斯風災發生，全國死傷滋重，比過去任何政爭還要悲慘；齊春英忙著募集捐款、米、衣服等，再交由朋友去坤仰公賑災。其後，聽到慈濟已來到緬甸，她主動跑來加入，跟隨大家去發放稻種、文具用品、關心農民、慰訪個案等。

比較意外的是，齊春英怎樣也沒想到，會在慈濟團體遇見同宗的親人。幾波大馬志工來緬甸賑災和發放的隊伍中，有一回，就有一名女眾也姓「齊」；齊春英感到好奇，她想起父母曾說過，在福州老家姓齊的人很少，不到十戶人家。

齊春英趨前請問，那位叫「齊筠華」的師姊，自稱祖籍在福州，本家也開茶館，其父是「上」字輩、兄弟「國」字輩、姪兒「忠」字輩；齊春英這就對上了，因她父親中間名是「國」，兄長、姪兒分為「忠」與「孝」。果然兩人是同一家族，以輩分來論，她還得叫對方一聲「姑姑」！

二〇〇九年底，齊春英與哥哥齊忠炳及其他緬甸志工到大馬各慈濟分會參訪，當去到吉隆坡時，齊筠華與妹妹筠筠帶著父母、手足及晚輩們來相會，兩方人見面真有說不出的歡喜！一聊起，才知他們先祖都來自「齊安村」，「齊」姓源自於西周，傳說是姜子牙的封地，後人為了紀念他，把「姜」姓改成「齊」姓。

兩年後，齊春英和齊筠筠同時在臺灣受證為慈濟委員，她的「姑姑」和「嬸婆」，也就是齊筠華、筠筠姊妹倆及其母，還共同訂製委員旗袍送給了齊春英。

世界果真是圓的，只要有緣，相隔甚遠也能相遇。而所謂人不親土親，同一片土地上的人，相處久了，也會如同親屬。重要的是祖先傳下來的美德要守好，這一代可能是新移民，下一代就會變成在地人。

## 學華文找根源

住在仰光的華人志工，年逾六十歲者才懂得華文，他們過去都讀過華校，只是年代久遠、身邊人也不常說，而逐漸淡忘；接觸慈濟後，他們又重拾起說寫中文的樂趣。

蘇金國說，那時華校辦得很隆盛，光在仰光就有幾十所；但一九六五年軍政府一聲令下，便全部停辦。「當初華校是百家爭鳴，從小學到高中，政府無法舉辦的體育活動，華人卻有本事借到全國最大的翁山足球場，邀請各地華校學生來參加，場面非常壯觀。」

蘇金國憶起這事，眼神閃爍著光芒，彷彿回到他的學生時代。「當樂隊、騎隊進場時，聲勢浩大，眾人鼓掌叫好；比賽項目有田徑、足球、籃球等，場面之熱鬧，只有一句『萬人空巷』可形容！」

他又說，求學時，仰光市有六家華文報紙；他從鄉下的華校小學畢業，考上華僑中學，報紙還登過錄取榜單，看到自己名字被登在上面，感覺無上光榮。

華僑中學是當時仰光最大的華校，學生一千多人，在緬北的曼德勒、臘戌及緬南的勃生等城市都有分校。那是一九一九年緬華教育會會長楊子貞發起籌辦，又得鉅商曾廣庇捐獻九文臺區的大片土地，連同一座現成洋樓當校址，曾邱兩姓的「龍山堂」還承擔學校半數經費長達二十年，可說是集華人資源之所成。

蘇金國領著我們走進他從前就讀的校園，沿路導覽：「正中央這棟叫『廣庇樓』，後面有大操場，四周種滿了樹，常可聽見蟲鳴鳥叫。上學時，男生穿白上衣藍卡其短褲，女生穿藍吊帶裙，很活潑的；傍晚時，我和幾位同學常待在穿堂寫壁報。那真是無憂無慮的黃金年代啊！」

他又繼續說，學校每年春節就變成全仰光華人的大聚會所，連著幾天，大家在校園擺設商店，販賣各種物品，宛如一個行銷中心；還設置文藝廣場、舉辦聯歡晚會，不論大人小孩都開心地唱歌、跳舞，整個夜晚燈火通明，熱鬧得不得了。

「我當時擔任服務員，掛起佩章很是威風啊！」蘇金國臉上洋溢著光采，但一談到華校被收歸國有，臉色馬上大變。此地已從原先的華僑中學，演變成九文臺第三中學，現在屬教育部分支機構，景物依舊、人事已非，他再重回母校，不免有些感傷！

## 憶年少就學往事

陳美燕讀的是南洋中學，她戲稱是平民學校。南洋中學成立較晚，一九四八年才由紅派人士創辦，這所學校培養出來的學生，也多半具左傾思想。陳美燕在校時很活躍，她遺傳到父親的藝術細胞，參加伊江合唱團。那是以社團來號召僑民，激發民族情感。

當時緬甸的華校分成紅白兩派，紅派偏共產黨、白派偏國民黨，兩派人馬常相互傾軋、互不相讓。現年七十七歲的慈濟志工吳炳慧，就是一路念白派的學校，讀到初一時，學校面臨新、舊「中正」之爭，她也跑去參加抗議。

「我們是為了跟紅派搶正統，就算被警察打，我也不怕！」吳炳慧說，當年他們只有十三、四歲，一聽到學校被搶，整個熱血沸騰，非得爭個輸贏不可；後來雖敗陣下來，校長卻安撫師生：「不要緊，讓給他們吧，若損失學生就很不值。」

為了護持學校，當時每位學生還領了捐款簿，捐多者會發予獎狀，家境清寒，就免繳學費；而像她父親是做緬甸餅小生意，家境還過得去，學費就繳交一半。

想起學生時代，吳炳慧充滿了回味：「那時校園生活多采多姿，我們都要參加運動，打籃球、羽球等，女生要學繡花、打毛線，我還曾是星光籃球隊的一員呢！」

初中快畢業時，學校被收掉了，父親不讓她去念緬校，從此就沒再讀。談到此，她不禁長嘆一口氣：「華校就這樣被中斷了五十多年，新一代的華人很多都不會說中文，更不用說會寫了。」

吳炳慧表示，過去的恩怨早放下了，積極行善和學佛比較重要。她現在每天清早都會搭江相賢所開的小卡車，與華區的一群志工去聯絡處薰法香；由於腰椎不好，她無法跟著去農村走動，但在華區到處有她的會員，善於勸募的她，會員數有五、六十戶。

## 隱身寺廟或補習

在仰光，華校沒了，新一代的華裔子弟又該如何學習華文？

「我是在補習班和寺廟學的。」三十六歲的郭寶鈺，家庭優渥又為獨生女，祖父從福建漳州來緬開設西藥房，父親做海產生意，如今則改賣不銹鋼鍋，兩代長輩都重視中文教育，一定要她去學。

郭寶鈺四歲半，父母就送她去華文補習班；晚上，跟隨父母去慶福宮拜拜，也上中文課。「我記得，當時去廟裏，都會供奉鮮花和淨水；也聽父親說過，以前有叔叔、伯伯們在拉二胡，很有中國風味。」她就這樣補習班也上，慶福宮也去讀，一直上到四、五年級，功課壓力變重，沒法負荷才停下；十年級一考完，父親馬上又找了中文補教名師陳麗莎到家裏上課，陳老師在舜帝廟免費授課，她也去學。

「老師教書時，會讓我們看『還珠格格』，裏面有很多成語，雖然小燕子都亂講，但老師會邊看邊糾正，透過戲劇學習語文效果很好，也學得快。」郭寶鈺仍記憶猶新。

現年三十歲的王棉棉，是五年級時跟著二姊和表姊去舜帝廟學中文。後來，兩位姊姊都不感興趣，只有她繼續學。她也認為，看戲劇學中文較容易記憶，喜愛武俠劇和中國民間傳奇故事的她，確實是這樣一點一滴地吸收，也從中了解到許多中國古老的歷史和文化。

王棉棉的祖父來自福建同安，長年住在大伯家，少與他們相處，所以她不會講閩南話，不像有些華人是三代同堂，不會說中文，卻會講閩語。

二〇〇八年底，王棉棉與華裔同學到慈濟當翻譯志工，又密集參加大馬志工帶動的讀書會。當時留守在緬甸的宗教處同仁陳濟任，看見她做事很認真，便問：「你有沒有興趣到慈濟上班？」這促使她走上採訪、攝影、撰稿、剪輯等影視之路，透過反覆操作和練習，她中文愈說愈好；如今，還申請來臺就讀慈濟大學的兒童發展與家庭教育學系。

「當我做出來的影片，透過大愛臺播放，又見上人引用開示，稱讚緬甸的農人及助學生們，我就覺得很有成就感。」王棉棉說，還未認識慈濟前，她從沒想過要當傳播人；而跟著志工們走踏記錄，使她更了解緬甸這塊土地，也更愛自己國家了。

## 追溯根源展未來

老一輩的華人，對過往的社群生活有諸多想念，認為那是最美好的年代；新一代的華人，沒經歷那樣的富庶和繁華，也不曾被迫害過，心中自無陰影，也無前後對照的失落感。倒是加入慈濟這個華人占多數的慈善組織，再加上緬甸近年走向開放，中資和外資大舉進入，才讓這兩代人重燃起中文熱，也更想探求根源。

「我很想把中文學好，也對閩南語感興趣。」王棉棉說，身為閩人後代，不該忘本，就連原本逃避的二姊，如今也不得不學華文，因為老闆是華商，要求一定要略懂中文。

郭寶鈺也鼓勵華人朋友，要去學中文。她稱，他們當中有些人，連自己姓什麼都不知，就很不應該；而且現今懂中文的人很搶手，擔任翻譯每小時有四、五十美元的酬勞。

「生活習慣可以改變，但『根』不能忘！」屬林氏宗親會的林佳慧，經常去九龍堂上中文課，想讓自己更精通，幫忙翻譯會較到位。不過，她也強調：「文化上我是中國人，但實質上，我在緬甸生長六十多年，早認定是這裏人了。」

過去文革時代想回大陸，因故沒去成的陳美燕，後來反因二妹移居臺灣，曾依親有了身分證；但住了幾年不習慣，又回到緬甸。

「我住在華區，一走出去全都是熟人；現在做慈濟也很多舊識，大家相互學習和照顧，生活過得很自在。」陳美燕說，既已認定緬甸是安居的家，就該努力為這塊土地付出，讓它變得更好，做慈濟就是一種能立即改變的途徑。

祖籍福建漳州，人稱「吳阿姨」的吳炳慧也說，什麼叫做「中國人」？這是緬族對華人的稱呼，祖輩們也喜稱自己是「唐人」；她則認為傳揚文化精神，更重要。「我五個孩子都不太會講中文，但華人的傳統禮教我都會教，不管孩子出國發展或留在緬甸工作，都能循規蹈矩，重誠實、講信用，這就是我最大的安慰。」

究竟「中國」兩個字，代表何種意義？是血緣、文化，或國族連結？很多緬甸華人可能一時答不出來。就血緣論，他們確實流淌著漢民族的血；文化上，也以中國為尊，自認是來自泱泱大國的天朝子民；但實際上，從祖輩以降，已在緬甸生養好幾代人了。

郭寶鈺提起，她讀小二時，有次跟同學吵架，回家後向父母哭訴：「緬甸人很壞！」她會如此說，是因更小時，祖父曾告訴她華人被抓之事，心中就留下印象。母親聽她這樣一說，馬上斥責：「你生在這裏，吃緬甸的米長大，講這種話就是忘恩負義。」

讀大學時，她遠赴馬來西亞求學，去到餐館吃飯，遇到緬甸的勞工被老闆責罵，那人只能低著頭默默承受，讓她看了好難過！「我也是緬甸人啊，為何我的國人要在異國被羞辱？」此時她才察覺，自己早已是緬甸的一分子了。

從吳炳慧的談話中，她所稱以身為「中國人」為榮，其實是傳襲父親的為人處事。二次大戰期間，翁山將軍引渡日本人將英國人趕走，但日軍卻橫行霸道，好多有錢的華人都逃出國去！正因人人自危，不敢出門，她父親賣的椰子滯銷都爛掉了，所以有人就為他取了「臭椰子」的綽號。

當時，父親有位朋友也想遠避他鄉，臨走前把金子、銅條和日幣全交給了他，父親很謹慎用餅乾盒收著，放到臭椰子底下，就想有人闖入打劫，也不會想要。

後來局勢漸穩，那位朋友回來了，其父原封不動、物歸原主；對方原想分一半給他，父親卻堅持不收，這也讓做女兒的她見識到為父的風骨。在那戰亂年代，其父猶能剛正不阿、守誠信，不也像實踐著中國古訓，那就是最好的文化傳承啊！

因為拜佛關係，吳炳慧也曾把一位華裔老婆婆帶回家。老婆婆單身、手足已不在，也無姪孫輩；後來老婆婆生病了，她不但出錢送她就醫，還每天去醫院陪伴，出院後又把她接回來照顧，這不也是中國人所強調的「民胞物與」精神嗎？

緬甸華人傳續的不僅是血緣，更詮釋了「做人的根本」；而生在佛國，也讓這些華夏後代薰染到慈悲、助人的性格，中國傳統思想與佛法精神就在他們身上獲得了融合。

## 發揮在地語言優勢

曹盈盈怎麼也想不到，會因一場地震，讓慈濟關懷的腳步踏進自己的家鄉——撣邦。

發生在二〇一一年三月二十四日晚間，芮氏規模六點八的強震，襲擊了達樂、孟林、大其力、公達和孟奧等地，造成七十五人喪命、上百人受傷，三千多戶民宅受損，連僧院及政府機關也多處傾倒。

慈濟志工接獲通報，向緬甸政府表達賑災的意願，於震後第六天，一行六人抵達大其力勘查。在距離大其力二十七英哩的重災區達樂，許多民眾住在帳棚裏，天候異常寒冷，且連下幾天大雨；志工抵達當天，正是災後的第一個豔陽日。勘災團隊中，曹盈盈是唯一會講傣族語的人，她就出自距離達樂不遠的景棟。當她用傣語安慰著受災的擺夷族鄉親，並宣讀證嚴法師的慰問信，現場大家都感動落淚，連她自己也哭了！

## 化身少數民族自保

撣邦位於緬甸東北方，與中國、寮國及泰國接壤，屬高原地形；而大其力一帶就是俗稱的「金三角」，過去是生產鴉片的大本營，近年來因緬甸政府強力掃蕩，產量大減，但仍有人偷偷種植。

曹盈盈有個獨特的出生背景，她的父親當年官拜國民黨政府軍連長。在「異域」這部電影中，庹宗華飾演的「鄧克保」連長，在一九五三年至一九六一年之間國軍兩次撤退回臺，都沒有隨行；現實中，曹盈盈的父親曹正金連長，也因妻子放不下留在大陸的母親，夫妻倆放棄抵臺機會。

當時，滯留在泰緬邊境的孤軍，一些殘部還經常有游擊戰，準備伺機打回雲南。曹正金與妻子先是跟著國軍移往泰北；不久，妻舅返回滇緬邊界的勐海，在馬幫的馱載下，將母親接到泰北的美斯樂會合；三年後，全家人遷居緬甸，在景棟安頓下來。

曹盈盈的大姊曹福英就在景棟出生，六十三歲的她說，自有記憶以來，父親就在服軍役，母親在街上賣牛肉麵。卸下軍職後，父親幫著母親一起做生意，生意愈做愈好，孩子也接連出生，曹盈盈在七個孩子中排行老么。

但沒想到一九六五年也如仰光一樣，經歷商店被沒收、華校被關閉、大鈔被廢止的命運。幸好，他們挺過來了，店面也從一間擴展到五間打通開來，可容納近百位客人。

不過，曹福英卻透露一段祕辛，當年父母做生意，不敢說中文，也不敢曝光自己是華人身分，而謊稱是撣族人（或稱傣族、擺夷族），就因緬軍到處在抓中國人，一抓到就會遣返出境，父母因在雲南西雙版納的小回村住過，略懂傣族語，就這樣矇混過去。

對照史料，一九六七年底，正是中共扶植緬共在金三角活動之時，結合彭家聲所帶領的果敢族反叛軍組成了新勢力，對緬甸政府軍不斷發動攻擊，也因此邊區四處風譎雲詭，緬軍一看到華人就抓，華人為求自保，個個都化身為少數族裔。

一九八七年，曹福英剛結婚滿一年，丈夫馬原良本想將跑車載貨積存多年的兩萬七千緬幣拿出來做生意，不料碰到政府廢止貨幣，面額七十五、三十五、二十五元的紙鈔全變成廢紙，令他們傷心透頂！

馬原良的父親，原是雲南勐海的大地主，因中共發動階級鬥爭而逃到緬甸。馬原良與曹福英在華校同班九年，兩人相知相惜而結婚。此時，曹福英的父親和大哥都已過世，二哥轉做汽車零件買賣，他們夫妻倆便接手麵店生意。

## 花心思解貧困本質

一九八八年，緬甸掀起反軍事執政的民主運動，在仰光大學念書的曹盈盈，也跟著同學跑去示威遊行，結果被媒體拍到了。當她出現在電視銀幕上，母親急壞了，趕緊打電話給她，叫她不能再上街頭，還叮囑華人的身分會很敏感。

「媽媽在中國逃難過，對戰爭存有很深的陰影，她很擔心歷史重演，戰亂再起。」當年未滿二十歲的曹盈盈很天真，結果真如母親所料，抗爭不斷擴大，所有大學全被關掉，她只好回到景棟。之後，她參加在緬甸舉辦的聯招考試，保送到臺灣的師範大學就讀數學系，但沒讀畢業，就去一家貿易公司擔任業務助理，負責與工廠聯繫及報價、接單、出口等事務，二〇〇五年返回緬甸。

二〇〇八年，納吉斯風災發生，曹盈盈透過蘇金國的學生介紹，加入慈濟志工行列。她熟諳中文，說寫皆流利，馬來西亞救災的志工便請她擔任社工角色，到醫院關懷醫療個案，也居家探訪貧戶及去農村發放。

「大馬志工一路帶著我，我從觀察他們如何與人互動，學到很多訪視經驗。」現年五十歲的曹盈盈說，早期很多緬甸個案都由她經手，是否要補助或做其他關懷，都是大家討論過後決定。她指稱，當社工要花很多心思投入，才能真正了解貧困的本質。「這不像做生意，給多少折扣、訂單簽不簽，都由老闆下指令；處理個案，有很多層面和環節需調查清楚，才好評估如何補助。」

她印象最深的是，有次跟隨大馬志工去醫院探視一位獨身婦女，她子宮下垂又患心臟疾病。後來他們護送她回萊達雅的家，住的茅草屋很破爛，上面沒屋頂，竹地板稀疏，他們要坐下時，還怕負荷過重把地板壓塌。

目睹婦女的慘狀，無依無靠又罹重病，曹盈盈很心疼！她坦言，自己從前愛鑽牛角尖，就算去了臺灣，身處自由民主的社會，也一樣感覺被束縛。風災過後，大馬慈濟人前來支援，大家從相識到理解，從理解到願意行動，讓她很感動也很感恩。

## 前人種樹嘉惠後人

在臺灣時，曹盈盈就常閱讀《講義雜誌》和《張老師月刊》，也參加過援助貧困家庭的社團，每週日都去社區帶小朋友讀書，對社會公益很有興趣。

加入慈濟後，她覺得很契合。有次她回到景棟，無意間翻閱過去所讀的《講義雜誌》，竟發現其中一頁登有證嚴法師的「靜思語」，寫著「願有多大，力就有多大！」她當時還畫了五顆星做記號；可見在還沒認識慈濟、接觸法師之前，就已經心靈相契了。

達樂地震當年，他們從仰光搭機，攜帶十七箱毛毯及帆布要去救災，但小飛機容量有限，無法塞下全部箱子。經向機場航員請求，對方幫忙打開所有紙箱重整，每個人隨身的環保袋也都裝滿，最後在大家通力合作下，全部一百四十四條毛毯和二十二件帆布都上到飛機。

發放的日用品籌措，是由華商林銘慶就近赴泰國採購。他採購完後，準備用卡車運回緬甸時，卻遭到泰國關口人員的阻擾，以為他買那麼多物資是要走私，堅持要課稅。

林銘慶費了一番唇舌解釋，對方還是不信，情急之下，就把隨身攜帶的慈濟簡介拿給他看，對方一看到上面有證嚴法師的法照，想起了位於泰北的清邁慈濟中小學就是慈濟所建設，也就放行了。

有心行善，冥冥之中自有天助！這讓曹盈盈深信不疑。經由那次救災行動，她與鄉親們靠得更近，因為同行的大馬和緬甸志工，唯有她能用傣語與受災民眾溝通，情感的交流很直接，也更能感受到災民們的苦。

就在我們去拜訪曹家那次，從大其力搭車往景棟的路上，中途停在達樂的一家小吃攤吃麵，煮麵的老闆娘一聽到我們是慈濟人，立刻說：「我知道，你們來救災過！」

其實，同行中只有蘇金國當年參與過地震救災，攝影記者和我只是沾了志工們的光，但聽到有人肯定慈濟，還是感到與有榮焉！

## 緬北華校生存之道

仰光的華校，已廢除五十多年；然而在緬北卻能苟存，如何辦到的呢？

在仰光教授華文的慈濟志工蘇金國，過去幾十年都擔任緬生赴臺升學考試的應試委員，所以熟悉各地華校；順著他的因緣，二〇一八年五月，我們由他陪同走了一趟曼德勒、眉苗及臘戍的華校，了解現況及辦學精神。

也因實地走訪，才發現華人為了延展中華文化和傳統，辦華校是借用「佛經」或「少數民族」的名義，連校名都不敢掛；但這讓華文教育未曾中斷，故出自緬北華校的子弟，個個都能說寫中文。

## 母親河邊學孔孟

位於中部的曼德勒，是緬甸最後一個貢榜王朝的舊皇城，古都阿瓦就在近郊，故又名「瓦城」。曼德勒是僅次於仰光的第二大城，全國也以此分界，往南叫「下緬甸」，往北叫「上緬甸」。

伊洛瓦底江發源於中國，流經緬甸，在雲南省境內稱「獨龍江」；到了緬甸後，貫穿了好幾個省邦，滋養著沿岸居民，而被稱為「母親河」。

在曼德勒的江邊，大型貨輪往來密集，很多貨品都從中緬邊境的城市八莫運送過來，從吃、穿到用的都有，碼頭邊，工人忙碌地搬卸，兩國交易十分熱絡，也加速了這座城市的發展。

在曼德勒，成立最久也最大的華校，當屬「孔校」，創辦於一九六五年。最早是吳中庸校長借用關帝廟讓師生們上課，一九八七年成立董事會，由段必堯接任董事長，創校精神是發揚孔孟之道，又兼尊奉佛教義理，學校全名為「如來孔教華人佛經學校」。

為了方便學生就學，孔校設有東、南、北及新城四個校區，其中新城區最大最新，共有六層樓。四個校區，學生總數三千七百多位，只有東區設有高中，其他校區只到初中部。

來自臺灣的退休校長曾郁敏，擔任四校的總校長兼任東區校長，她已移民加拿大十一年，受僑委會之託隻身來緬，盼將臺灣的正體字及教育理念傳續下去。

孔校副董杜鴻昌慷慨激昂地說，文化傳承很重要。他提起早年先輩的努力，頗多感觸：「那時辦華校，有可能遭遇牢獄之災，但他們就是不認命，堅持要留根。」

迄今，華校並未合法化，但官方態度似有緩和，幾所新的華校成立，設備新穎，收費雖高出八、九倍，但因曼德勒經濟活絡了，許多家長選擇把孩子送去新的學校。「我們不怕競爭，要學繁體字就到孔校來。」杜鴻昌堅持正體才是正統。

在校任教逾二十年的資深教師賈生康，先祖是明洪武年間被派去雲南騰沖戍守邊疆的千總大人賈壽春。他說，一九五〇年，父親先來緬甸做棉花生意，隨後母親也帶著他們兄弟三人過來。

隨著父親的生意流轉，賈生康讀過曼德勒的華僑中學（偏紅派），初中又轉去臘戍念華南中學（偏白派），也因此親炙了影響他一生的恩師張子敦，他是緬北杏壇泰斗，詩詞書法都見長，學識淵博，治學嚴謹。

賈生康猶記得，剛念初中的他寫慣了簡體字，一時改不過來，每次一寫簡字，就被張老師打，讓他不得不盡速導正。

嚴師的教導，使他中文底子打得厚實，所以才能在孔校教國文和社會科。為了趕上潮流，他常參加教師培訓以充實能力；即使如此，他仍感覺自己老了，需要有更多的接班人。

## 高原之巔長智慧

師資，一直以來都是緬北華校共同面臨的問題，主要來源，一是校內培養，二是網羅外來老師。但因緬甸經濟日漸騰飛，中資、外資湧入，需有懂中文的人做翻譯，有些孩子念完初中、高中，便不再升學而直接就業，這在曼德勒以北的華校又更明顯。

距曼德勒不遠，相隔一個半小時車程的眉苗，海拔超過一千公尺，因氣候涼爽，在英治時代就是有名的度假勝地。而今日的眉苗，又名「彬伍倫（Pyin Oo Lwin，高原之意）」，仍被很多人視為理想住所，有人平日在曼德勒工作，假日就返回休憩；留下的居民，以開雜貨店、茶鋪、飲食店及觀光旅館居多。

位於市區的「眉苗年多佛經學校」，創辦於一九八〇年，近四十年歷史。緬語「年多（Nyan Daw）」意即「智慧」，該校以華裔子弟占多數，但對其他族群孩子也廣開大門。

段茂華董事長談起創校的意義：「我們辦教育不為賺錢，而是延續民族文化。」本業經商的他，做過運輸業、碾米廠、印刷廠，他強調：「這是在『借土養命』，不學中文就會被同化。」

該校最多時學生達兩千多位，收羅許多從南坎、木姐、貴概、皎脈等遠地來的孩子，從幼兒班到高中部；但如今，各地已自設華校，原先在山上種菸草、將孩子寄宿讀書的佤族人，也不許再種了，學生數銳減至六、七百位。

現任校長何顯能於二〇〇〇年接掌，才開辦高中部，他本業做玉石，轉來辦教育，也是基於一分使命感。

一九八八年仰光發生學運後，緬甸政府對學校管控更加嚴格，該校關閉過好幾次；何顯能接任時，還常被官員找去談話。有次，一位區委召集了各校的校長，直接挑明要錢。其他校長默不作聲，何顯能卻站起來說：「我們學校各族裔都收，尤其對孤兒完全免學雜費，每年收入和付給教師的薪資不成比例，要錢沒有，不信可以派人來查。」

如今算是熬出曙光，新政府上臺後，雖沒明定私立學校法，但也沒禁止。不過，華校開枝散葉，師資方面卻急缺；再者也因工商業蒸蒸日上，需才孔急，初高中生畢了業，選擇性很多，升學或就業各占一半。

在校任教二十九年的何蓮果，自初中部畢業就一直留校教書，她現年四十三歲，卻已是資深老師。何蓮果教過的學生，有的去臺灣念大學，有的念緬制大學，還有讀函授大學、半工半讀；也有些是高中或初中畢業後，就出去工作。

現今就業管道多元，仰光、曼德勒及中緬邊境的瑞麗都設有工業區；有些人在臺灣念完書定居多年，現在也回來緬甸創業，或者是奉臺灣總公司指派，回到緬甸擔任分公司管理幹部。

## 果敢創校黑猛龍

華人最密集的臘戍，華校最多，以果敢族為名號而創辦的「果」字輩學校，四處林立。統整華校，建立溝通平臺的果文文教會副會長楊善麟表示，轄區內有一百零四所學校，光臘戍市區就有十五所中學，學生總數三萬五千多人。

位於市區第五保的黑猛龍學校，最先是假託「果敢族」之名辦學，名為「果龍」，其後才正名。現有初中和高中部兩大校區，學生數最多，也培養出很多優秀人才，如榮獲威尼斯影展大獎的國際級導演趙德胤和臺灣早年很有名的歌手高明駿，都是此校畢業。

黑猛龍，其實也是漢族，來自於緬北邊陲的一個村落，兩百多年前由吳、高、董三姓開山創村，由於土地肥沃、雨量充沛，糧食年年有餘，稱得上是富裕之鄉。

正因為富庶，才多次遭遇外擾，最慘的是緬共入侵時，行刑式地槍殺兩名村民，導致全境人連夜攜家產逃亡；飄落到了臘戍，抵達三個月後，鄉紳們即促請在原鄉任教的老師復課。

最初叫「黑猛龍難民小學補習班」，多年來歷經動盪，一九八八年還遭祝融之災化為灰燼；災後，董事會和校友發起募捐，先搭茅草屋應急，慢慢才從竹片屋、鐵皮屋到今日水泥高樓。迄今五十二年歷史，學生數一千九百多人，是臘戍最大的一所學校。

現任副校長張劍頻到過臺灣讀書，回緬後與夫婿先在曼德勒經商，後獲初中老師賈生康邀請，兩夫妻同往孔校任教；二〇一一年，兩人考量父母年歲已大，同返黑猛龍學校教書。張劍頻還去過雲南師範大學修讀大學和碩士，兼容臺、陸的教育薰陶；現今學校有幾位老師是從大陸外派過來，前年也有位臺灣中原大學畢業生范曉珊前往教授英文課，很受到學生們歡迎。

「對華校孩子來講，考慮的是『學習動機』和『學後發展』兩方面。」張劍頻指出，讀華校是華人子弟的共識；但是否該繼續升學，學生和家長就有猶豫，這牽涉到家庭環境及各項因素。像前一年，該校初中部有一百五十名畢業，僅三分之一升讀高中，多數學生因家境困難，而選擇去別的城市提早就業。

「這裏居民多數務農，少數經商，生活條件比不上其他大城市。」張劍頻說，當經濟負擔太重，學生就想改善家境，投入職場做會計或翻譯，月薪人民幣一千五百元起跳；

就學校立場，雖會鼓勵學生升學，但礙於現實有時也沒辦法。

而在高中部，一年畢業一百多人，出國念書占一、二十位，其他的都留在緬甸讀大學或就業。「會出國念書多半較有企圖心，只不過他們去了臺灣都必須打工，才能支持學費及生活；而去大陸免學費，還有生活補貼，兩邊都有學校來招生，供學生們選擇。」

## 堅韌一如蒲公英

在臘戍郊外有所「果華」學校，有多名女孩是邊念黑猛龍高中邊教小學。其中一位高二生歐陽麗娟，打算將來去臺灣念大學。

在這偏僻的鄉下設立華校，師資尋覓不易，該校最高年資，除了校長，就是待了六年的教務主任；而此校共近三百名學生，從幼兒班到初中部一年級，教師有十來位。

校長徐文忠談到，學校曾遷移三次，最早是茅草屋，後有果敢鄉親贊助蓋校舍，陸續又得雲南同鄉會、果文文教會及基督教會裏助經費，才有如今的樣貌。

從前，孩子上學時很辛苦，天未亮就要開始走路，趕上六點的第一節課；冬天裏教室很暗，必須點蠟燭上課，直至近十年臘戍全天候供電，才徹底改善。

學校轄區共住有一千多戶，華人占三百戶，其他為傣族、景頗、傈黑等少數民族，學生多族共融，幼兒班還可見緬族的孩子。現今在緬甸，學華文已變成一種潮流，甚至有官員為了跟中資打交道，也去補習中文。

歐陽麗娟即稱：「我一些以前的同學就願意付高補習費叫我教他們中文，他們說畢業後出去找工作，才發現懂中文真的很有用。」

她讀黑猛龍初中部時，校區是緬校和華校共用，因此不必來往奔波，上午上華文課，下午讀緬文課，所以同學中就有很多緬族人，先前他們對中文並不感興趣，現在卻是求知若渴。

歐陽麗娟說，她想利用兩年時間多賺點錢，至少存到緬幣一百萬（約臺幣兩萬元），才能支應去臺灣前兩個月的生活，之後再半工半讀。

她還稱最喜歡研究植物，希望能讀相關科系，尤其對「蒲公英」很有感覺。「我喜歡看著它，隨風飄散、自由自在，飄到哪兒，種子就落下，在那裏生根發芽。」

身處「異域」的華人後裔，不也像蒲公英一樣，任風而飄散；有幸在佛國定居下來，又得為了生存，在艱困環境中奮鬥。身上流著的血，使他們渴求把文化和根源留存，因而比別人更辛苦。

我更加忘不了，在曼德勒拜訪孔校董事長段必堯時，八十多歲的他緊握住我的手，重覆說著辦校理念和心願。我可以從他手心傳來的溫度，以及中風後，講話略帶抖動的語句中，感受到他興學的熱切及盼傳承文化的渴望。

段董，七歲喪父、九歲喪母，十幾歲就來到緬甸，他沒讀過書、不識字，早年曾因此低聲下氣去求人；有了能力後，就一心一意想辦學，希望人人免受文盲之苦，也希望華人子弟不忘本，要傳揚文化精神。

當初要蓋新城區校舍時，是做茶葉生意的他先帶頭說：「我出一百萬，你們事業做得比我大，也不能捐款少於我，就出一百五十萬如何？」他就這樣一個個去拜託募款，最後募得六億，連同學校之前基金六億，共湊到十二億緬幣，兩棟六層樓的建築物才能蓋起來。

雖說，現今華校已不若以往那般風聲鶴唳，要處處隱蔽興學，但老師的薪資依舊低廉，特別是緬甸各行各業大步起飛後，要留住好的師資人才不容易，有理想，也得為現實考量。也因此，更應對尚留在崗位、默默為華校盡心盡力的師者，致上最深的敬禮！

# 緬甸慈濟志業大事紀

## 二〇〇八

- 5月7日，特強氣旋納吉斯2日晚間造成緬甸嚴重災情，本會決定動員泰國、馬來西亞、臺灣三地志工赴災區勘查，並擬訂短、中、長期援助計畫。
- 5月10日，首梯勘災團飛抵緬甸，當地華人林淑華前往接機，並引介通曉華文的志工。
- 5月15日，首場發放在仰光市近郊蓄寶甘鎮南摩耶收容中心。
- 5月17日，第二、三場發放在烏東賓村及一間印度廟展開。
- 5月22日，第四場發放在南德公的穗瓦殷佛寺進行。
- 6月12日，第二梯先遣人員獲緬甸政府發給進入重災區坤仰公的一日臨時准證後，由林淑華的三十幾名員工協助在坤仰公江章村、卡瑪巴村發放。
- 6月14日，獲緬甸社會福利部發出正式邀請函，認可提出的援助計畫，官方並提供唐德鎮、考慕鎮兩處災區作重建參考。

- 6月20日，第三梯賑災醫療團啟程，進行物資發放、義診，並評估後續援建工程。
- 6月26日至二〇一一年12月底，長駐緬甸的馬來西亞志工謹記證嚴法師叮囑，要「讓仰光的教育亮起來」，穿梭於各級學校展開文具用品發放。
- 7月6日，第四梯賑災醫療團在坤仰公和礁旦鎮進行稻種發放及醫療義診。
- 7月26日至8月2日，第五梯賑災團在礁旦鎮十四個村、坤仰公十七個村致贈肥料，總計一千七百一十點五公噸；另於8月3、6日，在丹茵鎮各校發放文具。
- 8月15日，第六梯賑災團針對礁旦鎮十四個村展開第二波肥料發放，並赴仰光市學校發放文具，嘉惠學童兩百二十六人，及進行學校援建評估。
- 8月29日，第七梯賑災團於礁旦鎮十四個村展開肥料及文具發放。
- 9月5日，與緬甸教育部總監簽署仰光市頂甘鐘區第四小學援建合約。
- 9月13日，第八梯賑災團一連七天於礁旦、坤仰公展開肥料及文具發放。
- 10月31日，緬甸政府宣布慈濟重建頂甘鐘第四小學升格為頂甘鐘第四中學。

二〇〇九

- 1月29日，菲律賓、臺灣醫療團與緬甸聯邦團結發展協會合作，在仰光市妙禱醫院舉行三天義診，提供眼科、心臟、肝膽腸胃科等服務，共服務一千七百三十三位病患、一百六十六例白內障手術。
- 6月1日，因應緬甸新學期開始，援建的頂甘鐘第四中學，開放已完工的東向、南向新校舍，讓學生上課。
- 10月12日，頂甘鐘第四中學竣工，志工與師生投入清掃、搬運桌椅和景觀工程。

二〇一〇

- 3月6日，援建頂甘鐘第四中學完工後，移交緬甸教育部。次日，第二波援建的馬揚貢第一高中、雅倫第四高中舉行動土典禮。
- 5月3日，即日起對丹茵鎮產值偏低的十三村進行稻種發放，共計發送兩萬兩千八百九十八包稻種，兩千兩百七十七戶農民受惠，並完成後續貧困個案家訪。

• 6月11日，緬甸農業部啟動「示範稻田」計畫，召集農民傳授插秧耕種法，以提高稻米產量；慈濟補助每一畝兩萬緬幣插秧費及兩包肥料。

• 7月29日，首辦醫療教育個案聯誼會，陪伴個案孩子成長，並進行靜思語教學。

• 8月29日，丹茵鎮翁千達村柯瑪雅娜佛寺義診，有七十位沙彌尼就診。

• 9月8日，檳城人文學校教師與緬甸當地志工到柯瑪雅娜佛寺分享靜思語教學。

• 9月21日，首次在柯瑪雅娜佛寺舉辦靜思語讀書會，同時為沙彌尼進行義診、衛教；帶動沙彌尼整頓寺院環境，落實資源回收，推動環保。

• 12月10日，仰光市議會將籌建慈善洗腎中心，慈濟馬來西亞吉打洗腎中心捐贈十部洗腎機，讓當地市政府醫院以最低收費服務貧窮病人。

## 二〇一一

• 1月5日，丹茵鎮發放的稻種首波收成，姜紹村（Chaung Souk）舉辦稻種回饋行動，一百六十戶農民共捐出四百九十六包稻種。慈濟發放塑膠帆布，方便農民晒穀。

- 1月6日，馬揚貢第一高中首期工程已竣工，全校兩千九百多位師生遷入新校舍。
- 1月12日，第二場「稻種回娘家」活動在丹茵鎮西隆基村舉行，農人捐出多餘的收成，幫助其他村貧農耕作或作為救濟之用。
- 2月8日，仰光市頂甘鐘區大火，二十八戶無家可歸，緬甸志工發放慰問金、生活物質等。翌日前往收容中心，贈予每位學子一套文具及高考使用書籍。
- 2月23日，仰光市因盛鎮難達公區（Nant Thagone）火災，志工勘災後發給十四戶急難慰問金一萬緬幣及多項生活用品。
- 2月28日，援建雅倫第四高中完工。
- 3月30日，緬甸東北撣邦24日發生芮氏規模六點八地震，造成山體滑坡及建築物倒塌，上百人傷亡。慈濟勘災團從仰光啟程，前往大其力及達樂市勘災。
- 4月4日，馳援撣邦強震，於達樂市達樂佛寺和馬安龕佛寺舉行兩場大型發放。
- 5月8日，於柯瑪雅娜佛寺舉行首次浴佛典禮。
- 5月24日，丹茵鎮農民回饋五千兩百籮稻種，慈濟轉贈七個農村，一千七百九十一戶農民受惠。

- 5月28日、6月4日，於頂甘鐘第四中學、丹茵鎮納欣公學校舉辦「育苗助學金卡」發放活動。
- 6月6日，志工受邀參加丹茵鎮克引色村農民合建的「造臺甘小學」落成典禮。
- 8月6日，馬來西亞和緬甸志工於仰光市商貿飯店首辦「吉祥．感恩．孝親」七月祈福會，傳達正信與齋戒的重要。
- 11月11日，仰光市達克鞳第五中學助學金發放。

## 二〇一二

- 2月11日，仰光市郊萊達雅區6日發生火災，志工前往收容中心發放物資給兩百二十八戶災民，另發給一百六十二位受災學生文具用品。
- 2月14日，仰光省東部大梅市（Tarmwe）大火，發放日用品並致贈每戶慰問金一萬元緬幣，另為受災學生發送文具。

- 3月14日至25日，緬甸教育助學個案展開「見苦知福」行動，志工帶領三十一位助學生前往盲人學校發放物資，並家訪關懷照顧戶。
- 3月27日，決定續對丹茵鎮先前未援助的九村發放稻種。
- 6月7、14日及7月5、26日，與仰光北歐卡拉巴（North Okklapa）醫院合作舉辦四次眼科義診，嘉惠貧民區白內障病患共一百零七人。
- 7月26日，二度勘查丹茵鎮達那秉村的鄉村小學，決定援助修建，解決教室白蟻蛀蝕、殘破漏水等問題。
- 8月9日，勘查仰光東北方勃固省七月底水患，18日分送發放券，19至21日發給九百多戶慰問金、白米、食用油、馬豆及日用品等。
- 10月7日，緬甸教育部次長烏耶玖來臺參訪，在臺中參觀兩所慈濟援建的希望工程學校；8日赴靜思精舍拜會證嚴法師，雙方交談教育理念。
- 10月7日，慈濟與妙禱醫院合作眼科義診活動，自十月至十二月，每逢週日為白內障患者免費手術。

## 二〇一三

- 2月16日，丹茵鎮兩百多位農民，將收成後逾兩萬公斤的稻種回捐；慈濟回贈農用帆布、福慧紅包及結緣品。
- 3月24日，緬甸志工利用暑期帶領助學生一行四十四人前往農家訪視，達那秉村農人烏丁屯分享存米撲滿的理念，學生們現場體驗種菜。
- 6月15日，慈濟建築委員及營建處團隊前往緬甸，勘查農村學校，評估整修或改建，協助改善農村教育環境。
- 6月16日，雅倫第四高中和馬揚貢第一高中移交給緬甸教育部，三所希望工程學校至此全數完成。
- 11月4日，勃固省島武市十月底發生水患，慈濟志工在軍方陪同下赴重災區勘災；7日發放給三村共一千零一戶慰問金及食用物資、日用品。
- 12月28日，於馬揚貢第一高中禮堂為培訓志工及社區民眾舉辦兩場歲末祝福感恩會，共七百八十二位民眾、八十七位志工參加。

## 二〇一四

- 1月2日，伊洛瓦底省拉布達鎮干貝村前一年年終大火，兩百五十一戶無家可歸，志工南下發放慰問金及毛毯、草蓆等物資。
- 3月12日，為改善緬甸農村的教育環境，是日起為克引色村、四秉滾村及詼密達區礁公瑟基中學等十二所農村學校，進行校舍援建工程。
- 3月13日，仰光市因盛鎮發生火災，二十六戶無家可歸，志工前去發放毛毯、日用品及慰問金。
- 7月30日，仰光北部萊古鎮水患，志工前往勘災，次日於淹水未退的微南達村、巴拉村發放白米、食用油、黃豆與慰問金，共幫助五百五十六戶災民。
- 8月9日，勃固省市區、堝市八月初豪雨成災，仰光志工前往勘查。16、17日發予堝市烏莫速村及勃固市歐蕾速村、畢拖達村、阿雷公村、綴尼甘村應急金及食用物資，幫助四百零五戶災民；23日再發放兩百零七戶。

# 二〇一五

- 3月20日，妙禱醫院院長烏奈林等人，在緬甸和馬來西亞志工陪同下抵臺，與臺北慈濟醫院簽署合作計畫，進行跨國醫療交流。
- 5月23日，臺北慈濟醫院眼科主任徐維成等五人，連續兩天在妙禱醫院，提供眼科、家醫科及牙科服務，共四百零四人次受惠，其中兩百人接受白內障手術。
- 5月23日，仰光省譚達秉鎮義診，新加坡、馬來西亞、緬甸醫護及志工七十六人團隊，提供牙科、外科、家醫科、小兒科以及超音波檢查，五百五十七人次受惠。
- 8月4日，雨季及熱帶氣旋科曼致豪雨成災，志工前往重災區曼德勒省、實皆省勘查，5日為實皆省蒙育瓦鎮那吉村一百六十四戶災民送上應急金及日用品。
- 8月19至20日，仰光省岱枝鎮和莫比鎮洪澇，發放七千零七十九戶稻種。水患持續近月，又在岱枝啟動以工代賑，招募災民煮熱食，為期一週提供六村災民；9月2日在索外基村發放生活物資四百四十六戶，並為學童送上文具。
- 12月19至20日，繼九月中旬發放稻種後，又對岱枝鎮一萬六千七百多戶展開第二階段稻種發放，共發給三百六十二公噸，兩千五百二十六位農民受益。

## 二〇一六

- 3月16日，與妙禱醫院合辦眼科義診，「中國光明行」慈善團體姚曉明副教授從深圳領隊而來，一連三天進行白內障手術，共服務一百八十八人。
- 4月3日，為岱枝鎮農民連辦三場分享及兩次志工體驗，二十一位完成課程成為見習志工。
- 4月6日，岱枝鎮第二階段稻種發放圓滿三十六場。志工半年來從勘查、發放領據到實際發稻種，為一萬六千農戶完成九萬多英畝田地復耕。
- 5月17至18日，緬北實皆省前一年水患，慈濟於重災區加勒鎮（Kalay）發放大米、毛毯及祝福金，共援助五個村近八百戶農民。
- 6月18日，勃固省昂特帝寺廟為失依及貧困家庭孩子設立學校已十多年，收容人數從十多人增至近四百人，面臨缺糧危機，慈濟提供四公噸白米紓困。
- 9月3至5日，號稱「萬塔之城」的中部古城蒲甘，8月24日晚間發生芮氏規模六點八地震，一百九十座佛塔受損，志工前往勘查並關懷受災學校及寺廟。
- 9月10日，與南德公央達納醫院合作，進行一連兩天的白內障義診手術，共有一百一十三位民眾受惠。

- 10月1至2日，緬甸及馬來西亞人醫會團隊關懷水患災民，在岱枝鎮及丹茵鎮舉辦義診，一千三百零二人次受惠。
- 10月22至28日，於柯瑪雅娜佛寺舉辦靜思語教學培訓課程，二十四位教師參加。
- 12月6日，勃固省堝市甲拉哈村（Jalaha）小學二〇一五年升格為中學，卻無力增建校舍，馬來西亞志工組團來為該校搭建四間簡易教室。

## 二〇一七

- 1月18日，於雅倫第四高中舉辦兩場歲末祝福，一千五百多人參加。農民烏閔壽、烏丁屯及烏善丁分享「米撲滿」善舉行動，校長多麗麗溫（Daw Lei Lei Win）發願帶動全校師生存錢助人。
- 2月3日，馬揚貢第六區新雅克瑪街火災，燒毀二十九間木板房，災民暫棲寺廟。志工緊急採購物資，連同慰問金和毛毯發送四百六十二戶。
- 2月26日，水患後續關懷，緬甸人醫會在岱枝鎮德巴村義診，丁瑪特和陳界漢兩位醫師共服務十三村一百五十四位民眾。

- 4月2日，為岱枝鎮瑞那滾村四十四位「米會員」村民舉辦培訓志工研習營。
- 5月7日，瑞那滾村首辦浴佛活動，助學生組成的慈青團隊也加入帶動服務，志工同時收集村人捐贈的米撲滿。
- 5月18至22日，勃固省昂特帝寺廟學校教室不敷使用，馬來西亞及緬甸志工合力搭建四間簡易教室；不久，又為學生衝刺大考補習方便，再搭蓋四間簡易宿舍。
- 5月28日，為協助瑞那滾村整修社區圖書室，慈青學長森明度帶領慈青們募集書籍及進行空間布置，新圖書室於今日啟用。
- 7月28日，大雨水患遍布全緬，並出現H1N1流感疫情。慈濟志工展開醫院關懷，了解防疫需求；29日又往勃固省準達亞區及頌甘乃區勘查。
- 7月31日，馬來西亞分會馳援緬甸流感防疫，致贈五千個N95口罩。
- 8月10日，因應H1N1流感疫情，緬甸衛生部緊急醫療司長佐崴蘇發函慈濟尋求援助，慈濟醫院募集三千多顆抗病毒藥物、兩千件隔離衣、流感快速篩檢試劑、乾洗手噴劑及額溫槍，計八十九箱醫療用品，分三批空運至緬甸。
- 8月10至12日，慈濟醫療志業執行長林俊龍等人赴緬，勘查流感疫情，與衛生部門人員交流臺灣SARS防疫經驗，並將防疫物資致贈仰光人民醫院。

- 11月11日，於昂特帝寺廟學校舉辦義診，服務四百多位患者，並向學生進行衛教宣導。
- 12月3日，於仰光市昂蔑度卡寺廟學校（Aung Mye Thu Kha）舉辦義診，服務學生及社區居民共三百七十五人次。
- 12月8至11日，臺北慈濟醫院第三年參與緬甸光明行動義診，眼科主任徐維成等五人，與中國大陸眼科醫療團隊合作，為一百五十位白內障患者進行手術。

## 二〇一八

- 1月6日，緬甸人醫會首次於丹茵鎮自然禪修中心舉辦義診，為該中心收容的老弱病殘者提供診療服務。
- 1月14日，於雅倫第四高中舉辦歲末祝福感恩會，設置米撲滿、竹筒歲月、募心募愛、蔬食勸素等人文展區；該校師生捐獻竹筒約三百萬緬幣（約新臺幣六萬元）。
- 3月3至6日，為瑞那滾村搭建簡易活動中心，作為米撲滿會員聚會及培訓志工共修使用；

用地是農人烏善丁無償提供。

- 3月18日，瑞那滾村等偏遠農村無電可用，缺少照明設備，馬來西亞志工籌募經費，分三梯次為九個村近四百戶家庭發放太陽能板、蓄電池及燈泡。
- 4月21日，緬甸聯絡處舉辦慈青研習營，包括慈青、助學生、福種計畫受惠農民的子女等，共八十六人參加。
- 5月4日，於瑞那滾村簡易活動中心，為米撲滿會員舉辦浴佛暨孝親活動，共有十四個村、七百三十人參加，民眾捐米共計七百二十八公斤。
- 5月13日，於馬揚貢第一高中舉辦浴佛典禮，包括法師、沙彌尼、民眾、學校師生，以及二〇〇八年納吉斯風災時受助的南德公居民等，逾一千一百人參加。
- 7月4日，慈濟人醫會分四梯次對丹茵鎮自然禪修中心住民展開結核病篩檢，至11月底共完成兩千八百七十人的篩檢作業。而為改善自然禪修中心環境，大馬建築團隊結合緬甸志工，分三梯次進行簡易屋搭建，截至9月共完成二十六間簡易屋，設置結核病房、愛滋病房、老人安置區、廚房及法師寮房等。
- 9月22日，緬甸七、八月遭逢水患，臺灣、馬來西亞及緬甸三國志工組成勘災團，即日起一連四天前往孟邦、克倫邦、仰光省及勃固省訪查，評估後續援助方式。

- 10月5日，仰光省農業部總監烏佐佐來臺拜會證嚴法師，感謝慈濟十年來幫助緬甸農民脫貧，並商議該年水災稻種與豆種發放事宜。
- 10月12日，臺灣及馬來西亞十九人先遣團抵達，15日在仰光省卡仰鎮（Kayan）蓮花池村進行第一場綠豆種發放，幫助逾一百八十戶。
- 10月31日，經過兩次勘災評估，擇定11月1日至7日，為仰光省和勃固省水災受災農戶發放綠豆種。

## 二〇一九

- 1月6日，丹茵鎮四秉滾村農民烏緬誒等人，邀請慈濟志工到村裏接受他們日存的善款及米撲滿，並舉辦茶會，向更多村民分享「竹筒歲月」精神。
- 2月16日至25日，臺灣、馬來西亞及緬甸志工兩梯次共兩百多人的發放團隊，在仰光省、勃固省、孟邦及克倫邦等十三個市鎮發放稻種，首次採用電子線上報到系統，以紓解人力不足、縮短發放時程，共幫助四萬七千六百九十戶。

- 3月1日至6月，瑞那滾村聯外的唯一田間小路遇雨泥濘，慈濟採買材料並補助費用讓村民修路，三月起施工，6月7日舉行啟用儀式。
- 3月13日，仰光市萊達雅工業區、北歐格拉巴鎮梅達怡區先後火警，志工勘災後為災民送上急難慰問金、毛毯、衣物、餐具等物資。
- 3月29日，慈濟與緬甸臺商總會合作為坤仰公鎮昂杜卡孤兒院學校援建女生宿舍，臺商先做基礎工程，馬來西亞分會簡易屋營建團隊和緬甸志工再進行搭建。
- 6月22日，結合緬甸臺商總會成員，赴坤仰公鎮昂杜卡孤兒院，為院生發放麵包、學用品及盥洗用具。
- 7月5日，仰光志工前往北歐卡拉巴醫院，為病患發放熱粥、麵包及雞蛋。自二〇一六年六月起，每週五在該院施粥，截至本年六月累計服務十六萬五千人次。
- 8月9日，勃固省連續大雨成災，志工前往良禮彬市勘災，並至四個收容所發放物資及急難救助金，共幫助兩百七十五戶；12日在綏金市（Shwe Kyin）發放三千七百七十六戶。
- 8月30日，於甌甘鎮烏特奎（Wu T Kyaung）寺廟舉辦新進志工研習營，鄰近二十二個村莊、一百零一位米撲滿會員參加。

## 參考資料

1.《慈濟月刊》499、500、501、505、521期（2008至2010年出版）。
2.大愛電視「大愛全球新聞」、「大愛全紀錄」、「大馬慈濟情」節目。
3.《在緬甸尋找喬治歐威爾》，艾瑪．拉金（Emma Larkin）著，黃煜文翻譯，衛城出版。
4.《翁山蘇姬》，彼德．波凡姆（Peter Popham）著，莊安祺、范振光翻譯，聯經出版。
5.《緬華百年史話》，馮勵冬著 境報文化企業有限公司與香港緬華互助會共同出版。
6.《金三角國軍血淚史》，覃怡輝著，中央研究院、聯經出版。

特別感謝馬來西亞及緬甸影視職工和筆耕志工提供簡報資料

# 慈濟援助緬甸數據統計

## 農業重大發放

| 時間 | 地區 | 項目 | 受惠農戶 | 發放數量 | 面積 |
|---|---|---|---|---|---|
| 2008 年 7 月初 | 仰光省坤仰公、礁旦鎮 | 稻種 | 1466 | 416 公噸 | 4573 公頃 |
| 2008 年 7 月底 | 仰光省坤仰公、礁旦鎮 | 肥料 | 7099 | 5179 公噸 | 31532 公頃 |
| 2010 至 2012 年 | 仰光省丹茵鎮 | 稻種 | 6795 | 1436 公噸 | 18205 公頃 |
| 2015 至 2016 年 | 仰光省莫比鎮、岱枝鎮 | 稻種 | 26322 | 3755 公噸 | 69532 公頃 |
| 2018 年 11 月 | 仰光省、勃固省共 5 鎮 | 綠豆種 | 10358 | 653 公噸 | 16833 公頃 |
| 2019 年 2 月 | 仰光省、勃固省、克倫邦、孟邦共 13 鎮 | 稻種 | 47690 | 4294 公噸 | 82392 公頃 |

## 文具發放

| 時間 | 地區 | 學校數 | 受惠學生 |
|---|---|---|---|
| 2008 | 仰光省仰光市、礁旦鎮、丹茵鎮 | 42 | 20351 |
| 2009 | 仰光省仰光市、丹茵鎮 | 30 | 16139 |
| 2010 | 仰光省仰光市、丹茵鎮 | 29 | 22227 |

| | | | |
|---|---|---|---|
| 2011 | 仰光省仰光市、丹茵鎮 | 37 | 25682 |
| 2012 | 仰光省仰光市、丹茵鎮、礁旦鎮 | 41 | 28555 |
| 2013 | 仰光省仰光市、丹茵鎮 | 2 | 6028 |
| 2014 | 仰光省仰光市、丹茵鎮、礁旦鎮 | 18 | 14562 |
| 2019 | 仰光省岱枝鎮 | 1 | 44 |
| 總數 | | 200 | 133588 |

## 教育助學金發放

| 時間 | 地區 | 學生數 |
|---|---|---|
| 2009 | 仰光省仰光市、礁旦鎮 | 39 |
| 2010 | 仰光省仰光市、丹茵鎮 | 11 |
| 2011 | 仰光省仰光市、丹茵鎮 | 39 |
| 2012 | 仰光省仰光市、丹茵鎮 | 60 |
| 2013 | 仰光省仰光市、丹茵鎮 | 62 |
| 2014 | 仰光省仰光市、丹茵鎮 | 22 |
| 2015 | 仰光省仰光市、丹茵鎮 | 16 |
| 2016 | 仰光省仰光市、丹茵鎮；勃固省 | 6 |
| 2017 | 仰光省仰光市、丹茵鎮、岱枝鎮；勃固省 | 45 |
| 2018 | 仰光省仰光市、丹茵鎮、岱枝鎮、坤仰公、東卦鎮；勃固省 | 54 |
| 2019 | 仰光省仰光市、丹茵鎮、岱枝鎮、坤仰公、東卦鎮；勃固省 | 76 |
| 總數 | | 430 |

## 援建希望工程及鄉村學校

| 時間 | 地區 | 數量 |
| --- | --- | --- |
| 2011 | 仰光省仰光市頂甘鐘第四小學、馬揚貢第一高中、雅倫第四中學 | 3 所 |
| 2012 | 仰光省丹茵鎮鄉村學校修繕 | 5 間 |
| 2014 | 仰光省丹茵鎮鄉村學校 | 12 所 |
| 2016 | 仰光省莫比鎮、勃固省堝市鄉村學校簡易教室 | 12 間 |
| 2017 | 勃固省昂特帝寺廟學校簡易教室及宿舍 | 8 間 |

## 人醫會義診

| 時間 | 地區 | 次數 | 看診人數 |
| --- | --- | --- | --- |
| 2008 | 仰光省仰光市南德公、坤仰公、唐德鎮 | 3 | 6368 |
| 2009 | 仰光省仰光市妙禱醫院 | 1 | 1733 |
| 2010 | 仰光省丹茵鎮翁千達村柯瑪雅娜佛寺 | 1 | 70 |
| 2012 | 仰光省仰光市 | 14 | 905 |
| 2013 | 仰光省仰光市 | 14 | 853 |
| 2014 | 仰光省仰光市 | 2 | 173 |
| 2015 | 仰光省仰光市、譚達秉鎮 | 4 | 1558 |
| 2016 | 仰光省岱枝鎮、丹茵鎮 | 2 | 130 |
| 2017 | 仰光省岱枝鎮、仰光市昂蔑度卡寺廟學校；<br>勃固省仰光市、阿萊尼村昂特帝寺廟學校 | 11 | 4444 |
| 2018 | 仰光省仰光市、丹茵鎮自然禪修中心 | 29 | 2985 |
| 2019 | 仰光省仰光市 | 4 | 743 |
| 總數 | | 85 | 19962 |

## 白內障手術義診

| 時間 | 地區 | 受惠人數 |
| --- | --- | --- |
| 2009 | 仰光省仰光市妙禱醫院 | 166 |
| 2012 | 仰光省仰光市北歐卡拉巴醫院、妙禱醫院 | 618 |
| 2013 | 仰光省仰光市 | 726 |
| 2014 | 仰光省仰光市 | 1166 |
| 2015 | 仰光省仰光市妙禱醫院 | 1374 |
| 2016 | 仰光省仰光市妙禱醫院、南德公央達納醫院 | 1107 |
| 2017 | 仰光省仰光市、實皆省 | 1149 |
| 2018 | 仰光省仰光市、實皆省 | 1288 |
| 2019 | 仰光省仰光市、實皆省 | 921 |
| 總數 | | 8515 |

慈濟國際援助系列002・緬甸

# 緬風吹拂稻田香　慈濟援助緬甸納吉斯風災今昔

作　　者／黃秀花
攝　　影／蕭耀華
緬文翻譯／王棉棉

創 辦 人／釋證嚴
發 行 人／王端正
平面總監／王志宏
主　　編／陳玫君
企畫編輯／邱淑絹
特約編輯／吟詩賦
執行編輯／涂慶鐘
美術指導／邱宇陞
美術設計／翁士婷
出 版 者／慈濟傳播人文志業基金會
地　　址／112019臺北市北投區立德路2號
編輯部電話／02-28989000分機2065
客服專線／02-28989991　傳真專線／02-28989993
劃撥帳號／19924552　戶名／經典雜誌
製版印刷／新豪華製版印刷股份有限公司
經 銷 商／聯合發行股份有限公司
地　　址／231028 新北市新店區寶橋路235巷6弄6號2樓
電　　話／02-29178022
出版日期／2020年3月初版一刷
定　　價／新臺幣350元

國家圖書館出版品預行編目（CIP）資料

緬風吹拂稻田香：慈濟援助緬甸納吉斯風災今昔／黃秀花作
初版 一 臺北市：慈濟傳播人文志業基金會，2020.03
336面；15×21公分一（慈濟國際援助系列；2）
ISBN 978-986-5726-85-0（平裝）
1.佛教慈濟慈善事業基金會　2.社會福利　3.緬甸
548.126　　109002190